Margarete Kümpel

Typisch Einzelkind?

Für meine Eltern und Geschwister

Margarete Kümpel

Typisch Einzelkind?

So gewinnt Ihr Kind soziale Kompetenz

Weitere Bücher zum Thema bei Urania:
Paula Honkanen-Schoberth: Starke Kinder brauchen starke Eltern. Der Elternkurs des Deutschen Kinder-
schutzbundes. ISBN 3-332-01310-6
Gertrud Teusen: Das Trotzalter. Rat für Eltern in schwieriger Zeit. ISBN 3-332-01029-8
Margarete Schindler: Die häufigsten Erziehungsprobleme … und wie man sie löst. ISBN 3-332-01091-3

Bibliografische Information Der Deutschen Bibliothek
Die Deutsche Bibliothek verzeichnet diese Publikation in der Deutschen
Nationalbibliografie; detaillierte bibliografische Daten sind im Internet
über http://dnb.ddb.de abrufbar.

www.dornier-verlage.de
www.urania-verlag.de

1. Auflage März 2003
© Urania Verlag, Berlin
Der Urania Verlag ist ein Unternehmen der Verlagsgruppe Dornier.

Die Autorin: Margarete Kümpel ist Diplom-Psychologin. Sie studierte nach ihrem Abitur Germanistik
und Theologie, später berufsbegleitend Psychologie. Nach mehreren Jahren als Lehrerin an einer Ber-
liner Grundschule arbeitet sie heute als Dozentin für Psychologie und Theologie an einer Fachschule
für Sozialwesen. Margarete Kümpel hat eine Tochter. Im Urania Verlag erschien von ihr bereits der Ratgeber „Kleine Kinder – große Wut. Soforthilfe und dauerhafte Lösungen".

Umschlaggestaltung: P. Agentur für Markengestaltung, Hamburg
Titelfoto: Nino Gehrig
Fotos: Heidi Velten: S. 3, 11, 15, 19, 33, 47, 51, 77, 81, 92, 99, 115; Photodisc: S. 26, 42, 57, 68, 111
Redaktion: Jeanette Stark-Städele
Herstellung: Thoms BuchDesign, Berlin
Druck: Westermann Druck Zwickau
Printed in Germany

Gedruckt auf alterungsbeständigem Papier mit chlorfrei gebleichtem Zellstoff

ISBN 3- 332-01398-X

Inhalt

Einleitung

Heutzutage wächst in Deutschland nahezu jedes dritte Kind ohne Geschwister, das heißt als Einzelkind, auf. Den Eltern fällt diese Entscheidung für nur ein Kind oft nicht leicht, nicht selten sind wirtschaftliche oder berufliche Zwänge hierfür ausschlaggebend. Denn nach wie vor werden Einzelkindern viele Vorurteile entgegengebracht: *Einzelkinder können nicht teilen! Einzelkinder gliedern sich schwer in eine Gemeinschaft ein! Einzelkinder sind egoistisch! Einzelkinder sind verwöhnt!* Und sobald ein Einzelkind in irgendeiner Weise auffällt, heißt es nicht selten: *Typisch Einzelkind!*

Doch stimmen diese Vorurteile tatsächlich? Sind Kinder, die ohne Geschwister aufwachsen, in ihrer Entwicklung und vor allem in der Herausbildung ihres Sozialverhaltens benachteiligt? Worauf müssen Eltern mit einem Kind in ihren Erziehungsbemühungen besonders achten? Entwickeln sich Einzelkinder in manchen Bereichen vielleicht sogar besser als Geschwisterkinder?

In diesem Buch werden Sie erfahren, dass es für die Lebenschancen und das Lebensglück eines Menschen nicht ausschlaggebend ist, ob und mit wie vielen Geschwistern er heranwächst. Viel wichtiger ist es, dass ein Kind soziale Fähigkeiten entwickelt, das heißt lernt, achtsam und respektvoll mit sich und seinen Mitmenschen umzugehen. Im Alltag mit Geschwistern können sich manche dieser Fähigkeiten quasi „nebenbei" herausbilden. Eltern von Einzelkindern müssen diese so genannte „soziale Kompetenz" stärker durch ihre Erziehungshaltung fördern.

Sozial kompetent – was bedeutet das?

Menschen mit hohen sozialen Fähigkeiten sind glücklichere Menschen. Aber was sind soziale Fähigkeiten und wie fördert man sie bei Kindern, insbesondere bei Einzelkindern? Soziale Kompetenz wird heute als eines der zahlreichen Erziehungsziele besonders groß geschrieben – bei Einzel- wie bei Geschwisterkindern. Kinder und Erwachsene zu befähigen, respektvoll und rücksichtsvoll miteinander umzugehen, ist in einer Zeit wachsender Gewaltbereitschaft mit jedem Tag wichtiger geworden. Denn: Wo Gewalt herrscht, kann Glück nicht gedeihen.

Wie also können wir unseren Kindern Wege zeigen, Konflikte konstruktiv und friedlich zu lösen? Welche Fähigkeiten helfen einem Menschen, glücklich zu werden, sich selbst und andere akzeptieren zu können und rücksichtsvoll miteinander umzugehen? Und wie kann man diese Fertigkeiten in einem Alltag ohne Geschwister entwickeln?

Sozial kompetente Kinder, so lautet die Kernaussage dieses Buches, sind Kinder, die mit sich und ihren Mitmenschen besser umgehen können, die Konflikte eher zu meistern in der Lage sind, die zufriedener und glücklicher ihren Weg finden werden. Geschwister erlernen dies teilweise im täglichen Miteinander. Einzelkinder erwerben diese Fähigkeiten mit Hilfe einer bewussten Erziehung – die durchaus auch für Geschwisterkinder förderlich ist!

Geschichten aus dem Familienalltag

Es ist ein warmer Vorfrühlingssamstag. Endlich ist es wieder so weit, der Garten ruft und die Gartenarbeit erst recht. Lange wurde am gemeinsamen Frühstückstisch besprochen, dass heute der marode Tannenbaum endlich abgesägt werden soll. Eine Aktion für die ganze Familie. Voller Energie geht Vater Franz ans Werk, im sicheren Vertrauen auf die tatkräftige Hilfe seiner Lieben. Doch nach einer Stunde Schwerstarbeit findet sich der Vater eines halbwüchsigen Jungen noch immer allein im Garten. Auf der Suche nach seinem zwölfjährigen Sohn findet Franz diesen im Liegestuhl, mit seiner neuen Freundin die Freuden der ersten Frühlingstage genießend. Tobend und schimpfend macht sich der Ärger über das unsoziale Verhalten seines Sohnes Luft, worauf dieser nun seinerseits verärgert und vor der Liebsten blamiert das Weite sucht.

Karl, fünf Jahre alt, hat unverhofft eine Tafel Schokolade geschenkt bekommen. Sofort sieht der Junge sich umringt von seinen vier Geschwistern. Alle gieren nach einem Stück der Beute und bedrängen ihren Bruder, die Gabe zu teilen. Karl gibt dem Drängen seiner Geschwister, so gut er kann, nach.

Zunächst teilt er die Schokolade in zwei Teile und gibt einen Teil an seinen älteren Bruder ab. Den verbliebenen Rest teilt er erneut durch zwei und gibt der großen Schwester ein Stück. Das nun schon deutlich verkleinerte Reststück wird ebenfalls durch zwei geteilt und das Betteln der beiden übrigen Schwestern wird erhört. Auf seine leeren, schokoladenverschmierten Hände schauend, klagt Karl dann mit Tränen in den Augen: „Und is, was krieg is?"

Vielleicht haben Sie spontan nach der Lektüre der ersten Geschichte gerufen, so etwas kenne ich, auch mein Kind hilft nie und denkt immer nur an seine Wünsche. Ständig tönt den Eltern dann ein *„Ich will aber, ich brauche noch – ich, ich, ich"* ins Ohr. Von gemeinsamem Handeln, von Teilen der Lasten keine Spur – von sozialer Kompetenz keine Rede. Bei der Verteilung von Rechten und Pflichten scheinen viele Kinder einseitig auf ihre Rechte zu pochen, bei der Einhaltung ihrer Pflichten scheinen sie eher nachlässig zu sein. Typisch für verzogene Einzelkinder? Wohin soll dies führen?

Ein positives Musterbeispiel, ein Abbild für soziale Kompetenz, scheint dagegen der kleine Karl zu sein. Selbstlos teilt er die ihm zugefallene Gabe und achtet darauf, die anderen glücklich zu machen. Doch ist er am Ende glücklich? Nein, ihm bleibt nichts! Bei genauer Betrachtung führt dieser Weg also ebenso wenig zum Glück. Denn bei einem so selbstlosen Verhalten geraten die eigenen Wünsche und Bedürfnisse leicht ins Hintertreffen. Der kleine Karl wird so zum Opfer seiner eigenen Großzügigkeit, sozial kompetent handelt auch er nicht – trotz (oder gerade wegen?) seiner Geschwister.

Sozial kompetent handelt derjenige, der sich selbst akzeptiert und die eigenen Bedürfnisse und Gefühle ebenso ernst nimmt wie die der anderen.

Erst die richtige Balance zwischen den unterschiedlichen Positionen, die gelungene Verbindung eigener und fremder Interessen, ist die hohe Kunst der sozialen Kompetenz. Und diese Fertigkeit fällt auch Kindern, die mit Geschwistern groß werden, keineswegs von selbst in den Schoß. Natürlich braucht soziale Kompetenz menschliches Miteinander, um gelernt und eingeübt zu werden. Und es stimmt natürlich auch, dass die Familie der wichtigste Lernort ist für den Erwerb der verschiedenen Fähigkeiten und Fertigkeiten, die zur sozialen Kompetenz gehören. Schließlich ist die Familie auch der erste und zentrale Ort moralischer Sozialisation. Doch dies bedeutet keineswegs automatisch, dass dies in der Auseinandersetzung mit Geschwistern erfolgen muss.

Dieser Ratgeber informiert Eltern über den Erwerb der verschiedenen Fertigkeiten der sozialen Kompetenz und gibt Anregungen, wie diese erlernt und eingeübt werden können – mit und besonders auch ohne Geschwister. Den Eltern von Einzelkindern wird dabei gezeigt, wie sie ihrem Kind Lern- und Erfahrungsorte eröffnen können, die helfen, sozial kompetentes Verhalten einzuüben.

Vorurteile gegen Einzelkinder

Verwöhnt, egoistisch und rücksichtslos – viele Einzelkind-Eltern kennen die schier endlose Liste an Vorurteilen zur Genüge – und setzen sich damit nicht selten selbst unter Druck. Doch was ist dran an diesen Meinungen?

Einzelkinder sind überheblich und selbstsüchtig

Vorurteile – und seien sie noch so haltlos – erschweren Einzelkindern und ihren Eltern das Leben.

Beginnen wir mit einer ganz gängigen Meinung: Einzelkinder sind besonders egoistisch und von sich selbst überzeugt.

Da Einzelkinder, so die Argumentation, nie gelernt hätten, sich und ihre Fähigkeiten in Frage zu stellen und die Bedürfnisse anderer zu berücksichtigen, sei es kein Wunder, wenn sie häufig kleine Prinzen und Prinzessinnen würden. Sie seien von sich eingenommen und überzeugt, häufig grenze dies schon an Selbstverliebtheit. Geschwisterkinder dagegen – so hört man immer wieder – lernten gewissermaßen mit der Muttermilch, sich in Geduld zu üben, die Erfüllung ihrer Bedürfnisse zurückzustellen und zu warten, bis sie an der Reihe sind. In Konkurrenz und in der Auseinandersetzung mit ihren Geschwistern würden eigene Fähigkeiten und das Bild, das sich ein Kind von sich selbst macht, immer wieder hinsichtlich ihres Realitätsgehaltes überprüft. Da bliebe für unrealistische Träumereien und Überheblichkeiten wenig Platz.

Eine Frage des Selbstbewusstseins

Kinder entdecken schon recht früh ihren Willen und suchen nach Wegen, ihre Wünsche und Ziele durchzusetzen. Dies gilt für alle Kinder, egal ob sie nun Geschwister haben oder nicht. Es ist eine wichtige Entwicklungsaufgabe, erst einmal die eigene Persönlichkeit herauszubilden und sich an den eigenen Fortschritten und Fähigkeiten zu freuen. Natürlich werden die Fähigkeiten eines Einzelkindes oft besonders gelobt, weil die Eltern sich auf dieses eine Kind konzentrieren. Doch die damit verbundene Anerkennung ist auch wesentliche Voraussetzung für die Selbstakzeptanz, die wiederum eine der tragenden Säulen der sozialen Kompetenz ist. Es geht hierbei im Kern um die Frage, wie ein gesundes Selbstbewusstsein bei Kindern entsteht (siehe auch Kapitel 3, Seite 33 ff.). Um es jedoch bereits an dieser Stelle vorwegzunehmen:

Einzelkinder sind, das zeigen Studien zu diesem Thema, keineswegs überheblicher und selbstsüchtiger als Geschwisterkinder. Unser Vorurteilsbild von Einzelkindern ist stets geprägt von Erfahrungen, die wir mit einigen wenigen Kindern gemacht haben. Wenn sich ein Kind, das Geschwister hat, rücksichtsvoll verhält, so verallgemeinern wir rasch: Geschwisterkinder sind rücksichtsvoll. Verlangt jedoch ein Kind, das keine Geschwister hat, laut und nachdrücklich, gehört zu werden, möchte es seine Spielideen gegen den Wunsch der anderen durchsetzen, so wird ebenso rasch gefolgert, Einzelkinder seien Egoisten. Werden diese Vorurteile jedoch wissenschaftlich geprüft, so erweisen sie sich als unhaltbar. Vergleicht man viele Einzelkinder hinsichtlich ihres Sozialverhaltens mit vielen Geschwisterkindern, so finden sich keine verallgemeinerbaren Unterschiede.

Einzelkinder wollen immer ihren Willen durchsetzen

Timo, vier Jahre alt, wirft sich beim Einkaufen theatralisch weinend und jammernd auf dem Boden. „Ich will aber ein Eis, jetzt sofort." Alle Blicke wenden sich dem tobenden Kind zu – typisch verzogenes Einzelkind?

Wutausbrüche angesichts eines elterlichen „Nein" – das kommt keineswegs nur bei Einzelkindern vor.

Nein – alle Eltern kennen wohl diese und ähnliche Szenen, gleichgültig ob sie mehrere Kinder haben oder nur eines. Denn Kinder suchen Wege, ihre Ziele zu erreichen und ihre Wünsche durchzusetzen. Und wenn sich solche Wutausbrüche als wirkungsvoll erweisen und das Kind gelernt hat, dass dies ein Erfolg versprechender Weg ist, um sich durchzusetzen, wird es diese Methode klugerweise öfter einsetzen. Durch Gefühlsausbrüche, durch Weinen, Wüten oder kummervolles Betteln setzen Kinder Erwachsene bisweilen unter Druck. Geben Eltern diesem Druck nach, so lernen Kinder rasch, wie effektiv es ist, Gefühle als Mittel zur Erreichung eigener Ziele einzusetzen. Da wird der Ärger über ein „Nein" der Eltern zu einem Wutausbruch, der kaum einzugrenzen ist, da wird die Enttäuschung über ein nicht gekauftes Spielzeug zur großen Trauerarie.

Kinder, gleichgültig ob es Einzelkinder oder Kinder mit Geschwistern sind, müssen lernen, dass nicht alle ihre Wünsche in Erfüllung gehen können. Eltern müssen lernen, dass sie ihren Kindern klare Grenzen setzen müssen. Kinder müssen lernen, ein „Nein" zu akzeptieren.

Gefühle nicht als Druckmittel zur Durchsetzung eigener Ziele zu benützen bedeutet auch, seinen Ärger und seine Enttäuschung sinnvoll regulieren zu können. Auch dies gilt gleichermaßen für Einzelkinder wie für Kinder mit Geschwistern. Kapitel 4 (siehe Seite 51 ff.) geht daher der Frage nach, wie Kinder lernen, ihre Gefühle in den Griff zu bekommen, wie sie lernen können, von ihren Gefühlen nicht überwältigt zu werden. Darüber hinaus müssen Eltern allerdings auch lernen, sich durch heftige Gefühlsausbrüche ihrer Kinder nicht erpressen zu lassen. Grenzen setzen und selbst einhalten, der Mut zu einem klaren „Nein" sind hierzu nötig. Eltern haben das Recht und die Pflicht, nein zu sagen, denn nicht alle Wünsche und Träume des Kindes können erfüllt werden. Ihr Kind hat jedoch auch das Recht, darüber enttäuscht zu sein. Eltern eines Einzelkindes sind vielleicht häufiger als Eltern mit mehreren Kindern geneigt, die Wünsche ihres Kindes zu erfüllen und Grenzen nachgiebiger zu gestalten. Aber auch für Einzelkinder gilt: Kinder brauchen Grenzen – Erwachsene auch.

Einzelkinder können nicht teilen

Erinnern Sie sich an die Geschichte vom kleinen Karl (siehe Seite 9)? Karl, so unsere Überzeugung, ist ein Musterbeispiel für ein Geschwisterkind. Selbstlos teilt er mit seinen Brüdern und Schwestern seine Schokolade. Karl, so scheint es, ist der geborene Teamspieler, der ohne Murren, ohne große Auseinandersetzung das Wohl aller über sein persönliches Wohlergehen stellt. Glückliches Geschwisterkind?

Einzelkinder sind nicht selten besonders sensibel und selbstlos – was nicht immer zu ihrem Vorteil ist.

Wohl kaum. Jahre später erklärte der nun erwachsen gewordene Karl seine kindliche Teilaktion mit einem völligen Unverständnis für mathematische Zusammenhänge. Er habe nicht etwa so großzügig geteilt, um alle glücklich zu machen, nein, ihm sei damals nicht klar gewesen, dass durch häufiges Teilen die Gesamtmenge der vorhandenen Schokolade rapide abnimmt.

Einzelkindern wird immer wieder das Vorurteil entgegengebracht, sie seien weniger teamfähig, schwieriger in Gruppen zu integrieren. Gefangen in ihrer eigenen Welt könnten Kinder, die ohne Geschwister aufwachsen, sich nicht so leicht in die Situation und in die Gefühle anderer hineinversetzen. Sie seien daher weniger mitfühlend und weniger hilfsbereit.

Vorurteile halten sich lange, aber deshalb sind sie dennoch nicht wahr. Einzelkinder, so zeigen Studien, sind keineswegs weniger empathisch, das heißt einfühlsam, weniger hilfsbereit oder gar unsozialer als Kinder, die mit Geschwistern aufwachsen. Im Gegenteil.

Kapitel 5 (siehe Seite 81 ff.) dieses Buches widmet sich daher der Fragestellung, wie die Fähigkeit zur Empathie bei Kindern erlernt wird und worauf Eltern dabei achten müssen.

Einzelkinder haben keine Freunde

Freunde sind für Einzelkinder von besonderer Bedeutung. Die Eltern können solche Kontakte fördern.

In den gängigen Klischees über Einzelkinder tauchen mit schöner Regelmäßigkeit Vorstellungen von unselbstständigen, kontaktarmen Kindern auf, die am liebsten zu Hause bei ihren Eltern sitzen und nur wenige Sozialkontakte mit Gleichaltrigen pflegen. Muttersöhnchen und Vatertöchterchen – in den vorurteilsgeladenen Bildern sind dies in der Regel Einzelkinder oder spätgeborene Nachzügler, die wie Einzelkinder aufwachsen.

Für Kinder spielt besonders in den ersten Lebensjahren die Bindung an die Eltern eine herausragende Rolle. Stabile, sichere Bindungen an Vater und/oder Mutter sind die Basis für den Aufbau tragfähiger Beziehungen zu anderen Menschen. Dies gilt für Einzelkinder genauso wie für Kinder mit Geschwistern. Bindung darf allerdings nie Einengung bedeuten, sie darf nicht zur Behinderung kindlicher Loslösungsprozesse führen. Eltern, die ihrem Kind Sicherheit in der Bindung geben, geben ihm immer auch Sicherheit und Mut, die Welt zu erkunden, sich und seine Fähigkeiten zu entdecken und auszubauen. Eltern müssen mit ihrem Kind einen Weg suchen, der den schmalen Grat zwischen verantworteter Selbstständigkeit und überforderndem Alleingelassensein gangbar macht. Finden Kinder, die Geschwister haben, in diesem schwierigen Problemfeld oft weitere Unterstützung und Hilfe, so müssen Eltern eines Einzelkindes hier ein besonderes Augenmerk auf mögliche Überbehütung, aber auch Überforderungen ihres Kindes richten. Für Einzelkinder ist es daher von besonderer Bedeutung, Freunde zu finden. Die Bedeutung einer tragfähigen Freundschaft ist eine Erfahrung, die kein Elternteil aufwiegen kann. Eltern können ihren Kindern wertvolle Hilfestellung geben, wenn es darum geht, Freundschaften zu finden und zu erhalten.

Einzelkinder haben keineswegs weniger Kontakte zu Gleichaltrigen oder gar weniger Freundschaften. Aber Eltern von Einzelkindern sollten besonders darauf achten, dass ihr Kind Kontaktmöglichkeiten zu anderen Kindern findet. Kapitel 6 (siehe Seite 99 ff.) geht daher der Frage nach, welche Beziehungen für Kinder wichtig sind, wie diese Beziehungen aufgebaut werden und ob Einzelkinder hier mit besonderen Schwierigkeiten zu kämpfen haben.

Einzelkinder sind verwöhnt

Oma, Opa, Tanten und Onkel, nahe und ferne Verwandte, sie alle schenken gern und sie schenken reichlich. Oft tun sie dabei des Guten eindeutig zu viel. Geburtstage, Weihnachten und Ostern, Nikolaus und Einschulungstag, es sind nicht nur diese Highlight-Tage, an denen sich Kinder oft durch Berge an Geschenken arbeiten müssen. Kaum ausgepackt, werden Geschenke dann schon zur Seite gelegt, um dem nächsten Höhepunkt in der Geschenkeorgie entgegenzugehen.

Verwöhnt werden sollte ein Kind mit Zuwendung und Zeit – nicht mit Spielsachen.

Kinder, und hier insbesondere Einzelkinder, haben in der Regel Spielzeug in Hülle und Fülle, jedes noch so ausgefallene Spiel findet sich in ihrem überquellenden Regal. Da das Angebot so reichhaltig ist, ist im Umgang mit vorhandenen Reichtümern keine besondere Achtsamkeit geboten. Zerbrochenes wird ersetzt, Verschwundenes neu gekauft. Ein derartiges Überangebot lädt nicht zum Spielen ein, im Gegenteil. Chaos im Kinderzimmer macht keinen Spaß. Kreativität und

Spielfreude können so kaum entstehen. Auch in diesem Fall gilt wie so oft: Weniger ist mehr. Verwöhnen Sie Ihr Kind nicht durch ein Zuviel an Spielmaterial, nicht durch die völlig überzogene Erfüllung spontaner und oft wechselnder Kaufideen, verwöhnen Sie es lieber durch Ihre Aufmerksamkeit und Ihr Zuhören, Ihre gemeinsam gestaltete Zeit und Ihre Freude aneinander. Hinter dem Wunsch nach immer wieder neuen Spielsachen steht bisweilen eher der Wunsch nach mehr gemeinsam verbrachter Zeit und gemeinsamer Aktivität. Mit materiellen Geschenken werden oft nur oberflächlich Träume erfüllt und das eigene schlechte Gewissen beruhigt. Achtsamkeit im Umgang mit sich und dem Kind verwöhnt nie und schärft den Blick für die tatsächlich vorhandenen Bedürfnisse. Achtsamkeit als ein zentrales Erziehungsanliegen ist daher das Thema von Kapitel 7 (siehe Seite 115 ff.) dieses Ratgebers.

Einzelkinder begegnen in ihrem Umfeld einem ganzen Bündel von Vorurteilen, die, teils begründet, teils völlig unbegründet, den Blick auf die Realität versperren. Hinter diesen Vorurteilen steht im Wesentlichen die Frage, inwieweit Einzelkinder eine geringere soziale Kompetenz aufweisen als Kinder, die mit Geschwistern groß geworden sind. Selbstsüchtig, egozentrisch, verwöhnt und ohne soziale Kontakte werden Einzelkinder so zu Sorgenkindern des Miteinander stilisiert. Viele dieser Vorurteile, so wurde gerade erläutert, sind völlig haltlos. Dennoch bleibt die Frage offen, welche Fähigkeiten vorhanden sein müssen, um sozial kompetent zu sein, und wie diese Fähigkeiten erworben werden.

Diesen Fragestellungen widmen sich die nun folgenden Kapitel.

Die Bedeutung der sozialen Kompetenz

Nicht nur Intelligenz und Ausbildung entscheiden über den späteren Erfolg im Leben. Für eine glückliche Zukunft sind vielmehr soziale Fähigkeiten von immer größerer Bedeutung. Diese kann man, auch bei Einzelkindern, gezielt fördern.

Intelligenz und Teamfähigkeit

Intelligenz allein ist kein Garant für Erfolg. Lebensglück bringt das gelungene soziale Miteinander.

Hätte man vor Jahrzehnten Erziehungsratgeber nach den Stichworten „soziale Kompetenz" und/oder „emotionale Intelligenz" (zwei Begriffe, die in der Literatur zum Teil gleichbedeutend verwandt werden) durchforstet, so wäre die Ausbeute wohl relativ dürftig geblieben. Dieses Bild hat sich in den vergangenen Jahren radikal gewandelt. Stand früher im Zentrum pädagogischen Handelns die Förderung der kognitiven Intelligenz des Kindes, so steht heute neben diesem Bemühen nahezu gleichrangig die Förderung der sozialen Kompetenz.

Wie ist dieses gestiegene Interesse an der sozialen Kompetenz der Heranwachsenden zu erklären? Warum ist soziale Kompetenz heute wichtiger denn je?

Heute weiß man, dass neben der kognitiven Intelligenz die Emotionalität des Menschen sowie sein Eingebunden-Sein in soziale Netze eine wesentliche Rolle für die Entwicklung des Einzelnen spielen. Dies gilt sowohl für den privaten als auch für den Bereich der schulischen und beruflichen Entwicklung.

Studien zeigen, dass sowohl für die schulischen als auch für die beruflichen Erfolge neben Fähigkeiten der kognitiven Intelligenz soziale Fertigkeiten von großer Bedeutung sind. Sich in einer Gruppe aufgehoben zu fühlen, seine Fähigkeiten einsetzen zu können, um gemeinsam ein Ziel zu erreichen, all dies stärkt den Einzelnen und hilft der Gruppe. Teamfähigkeit, das Arbeiten in Gruppen, setzt jedoch voraus, dass der Einzelne in der Lage ist, gemeinsam mit anderen zu handeln.

Für Kinder und Heranwachsende ist das Erlernen sozialer Kompetenz heute wichtiger denn je, allerdings haben sich die Bedingungen für den praktischen Erwerb sozialer Fertigkeiten im Vergleich zu früher drastisch verändert.

Miteinander statt nebeneinander

War in früheren Generationen das familiäre Miteinander-Tun ein selbstverständliches Muss (so arbeitete etwa die bäuerliche Großfamilie Hand in Hand, um die Arbeit zu erledigen und den Lebensunterhalt zu sichern), so sind die Bedingungen heutiger Familien gänzlich anders. Viele moderne Familien bestehen heute aus drei Personen – Vater, Mutter und Kind. Ziel des gemeinsamen Handelns ist heute nicht mehr die Sicherung des Lebensunterhaltes, sondern die Gestaltung der gemeinsamen Freizeit. Sind keine Geschwister da, so wird für Einzelkinder der Ausbau und die Förderung ihrer sozialen Fähigkeiten schwieriger, gehören diese doch nicht mehr zum familiären Alltag. Miteinander teilen, Kompromisse finden, gemeinsam Spielaktivitäten aushandeln, eigene Wünsche artikulieren und auf die Bedürfnisse der anderen Rücksicht nehmen – all dies und noch viel mehr muss jedoch vor allem mit Gleichaltrigen immer wieder geübt und erlebt werden. Werden diese Fähigkeiten nicht ausgebildet, bedeutet dies für Kinder eine schwere Belastung, die nicht selten auch ihre intellektuellen Leistungen beeinträchtigt, wie das Beispiel von Beate (siehe unten) zeigt.

Soziale Kompetenz bedeutet, sowohl sich selbst und seine Gefühle wahrnehmen und situations- und personenangemessen ausdrücken zu können als auch in der Lage zu sein, die Gefühle des anderen wahrzunehmen, und angemessen miteinander umzugehen.

Das Selbstwertgefühl – Grundlage der Entwicklung

Beate ist sechs Jahre alt und geht in die erste Klasse der Grundschule. Bei ihren Klassenkameraden ist sie nicht sehr beliebt, immer wieder muss die Lehrerin eingreifen, um große oder kleine Streitereien und Handgreiflichkeiten zwischen Beate und anderen Kindern aus der Klasse zu schlichten. Beate ist für ihr Alter recht groß und ein wenig korpulent. Sie ist kein fröhliches

In jeder Gruppe gibt es Kinder, die vor allem über negatives Handeln auffallen – typische Außenseiter. Das müssen aber keineswegs Einzelkinder sein.

Kind, eher gehemmt und unsicher. Zu Beginn des Schuljahrs schien sie oft nach Wegen zu suchen, um mit ihren Klassenkameraden in Kontakt zu kommen, wusste aber nicht so recht, wie das zu bewerkstelligen ist, und stellte sich dabei recht ungeschickt an. Sie machte sich über andere lustig oder wertete diese als Blödmänner ab. Rasch wurde sie in der neuen Klasse zum Ziel von Hänseleien der Mitschüler, die sie stets furchtbar aufregten und denen sie durch körperliche Attacken zu begegnen suchte. Dies führte dazu, dass die anderen Kinder in der Klasse Beate nun einerseits fürchten und den Kontakt mit ihr möglichst meiden, sie andererseits aber immer wieder zum Ziel ihrer verbalen Angriffe machen. Freundinnen hat Beate in ihrer Klasse daher nicht. Ihre zunehmende Einsamkeit äußert sich inzwischen nicht nur in einem Nachlassen ihrer schulischen Leistungsbereitschaft, sondern auch ihre Gereiztheit und Aggressivität nehmen noch zu. In ihrer Not weiß sie sich keinen anderen Rat mehr, als wild um sich zu schlagen.

Kinder wie Beate gibt es nahezu in jeder Klasse und in jeder Gruppe. Statistiken und Untersuchungen belegen sogar, dass die Zahl der verhaltensauffälligen Kinder in den letzten Jahrzehnten deutlich zugenommen hat. Wissenschaftler gehen davon aus, dass bei ca. fünf bis 15 Prozent der Kinder und Jugendlichen Störungen im Sozialverhalten vorliegen. (1) Eine erschreckend hohe Zahl! Die Gründe für diese Entwicklung sind vielfältig, sie haben keineswegs nur oder vorrangig mit der zunehmenden Anzahl an Einzelkindern zu tun. Diese Ursachen zu beheben erfordert vielmehr eine wahre Herkulesarbeit, die der gesamtgesellschaftlichen Anstrengung bedarf. Eine Analyse der Ursachen für die wachsende Gewaltbereitschaft bei Kindern und Jugendlichen würde den Rahmen dieses Buches sprengen. Hier muss es darum gehen, Eltern und Kindern Wege aus dem Teufelskreis Unsicherheit – aggressives Verhalten – Isolation zu zeigen. Wege, die es Kindern wie Beate ermöglichen, glücklicher und zufriedener mit sich und ihren Mitmenschen umgehen zu können.

Betrachten wir das Geschehen um Beate aus der Perspektive des Kindes, so wird deutlich, welche Fähigkeiten und Kompetenzen ihr fehlen.

Beate ist ein zutiefst verunsichertes Kind ohne stabiles, positives Selbstwertgefühl. Mit frechen verbalen und später auch körperlichen Attacken versucht sie erfolglos ihre Unsicherheit zu überspielen. Ihre Unfähigkeit, die eigenen Interessen, Bedürfnisse und Gefühle wahrzunehmen und klar zu artikulieren, ohne die anderen zu verletzen oder zu bedrängen, ihre Unfähigkeit, sich in die Situation der Mitschüler zu versetzen und in geeigneter Weise Kontakt aufzunehmen und zu kommunizieren, ihre Unkenntnis, wie Beziehungen zu anderen aufgebaut werden können, kurz, ihr Mangel an sozial kompetenten Fertigkeiten führt Beate in eine schwierige Situation. Da sie sich im körperlichen Bereich den anderen überlegen glaubt, wählt sie in ihrer Unsicherheit diesen Weg zur weiteren Auseinandersetzung mit ihren Mitschülern. Leider verstärkt sie auf diese Weise unwissentlich die fehlgeleitete Interaktion und festigt das Urteil, das die anderen über sie fällen. In Bereichen, die dem Aufbau eines stabilen, positiven Selbstwertgefühls dienen, bekommt Beate kein positives Feedback. Sie ist unbeliebt, ihre schulischen Leistungen lassen nach. Kein Wunder, wenn da das Selbstwertgefühl weiter leidet.

Ordnet man die Bereiche, in denen Beate deutliche Defizite hat, so kristallisieren sich fünf Elemente der sozialen Kompetenz heraus:

1. die Fähigkeit zur Selbstakzeptanz (im Diagramm auf Seite 24 abgekürzt mit dem Begriff „Selbst")
2. die Fähigkeit, den eigenen Gefühlen situations- und interaktionsadäquat Ausdruck zu verleihen („Emotion")

Wer unsicher ist und sich selbst nur negativ wahrnimmt, kann keine positiven Beziehungen zu anderen aufbauen.

3. die Fähigkeit, sich in die Perspektive der anderen versetzen zu können und ihre Gefühle nach- und mitempfinden zu können („Empathie")
4. die Fähigkeit, Beziehungen zu anderen aufbauen zu können („Freunde")
5. die Fähigkeit, achtsam mit sich und anderen umzugehen („Achtsamkeit")

Sozial kompetentes Handeln verlangt demnach einiges an Fingerfertigkeit. Eine glückliche Hand im Umgang mit sich selbst und mit den anderen bedarf jedoch wie alle Fertigkeiten der Anleitung und der Übung.

Lassen Sie uns im Folgenden zunächst in einem kurzen Überblick die fünf Finger der sozialen Hand betrachten.

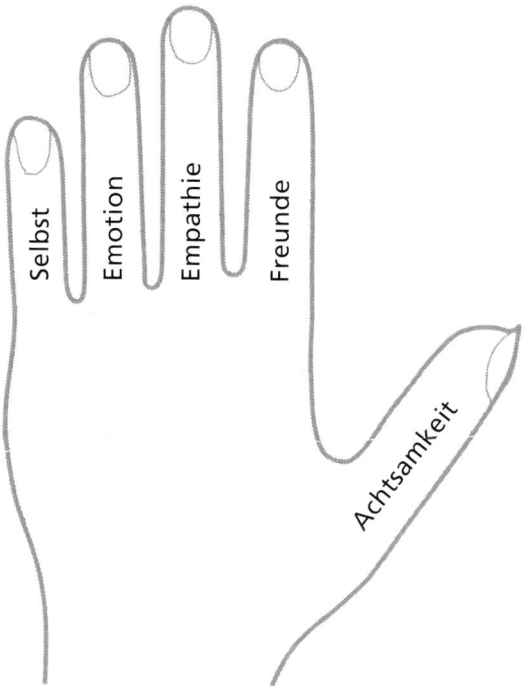

Die Fähigkeit zur Selbstakzeptanz

An einer zentralen Stelle des Neuen Testamentes wird Jesus gefragt, welches der Gebote das größte und wichtigste sei. Die Antwort Jesu auf die Frage nach der zentralen Richtschnur unseres Handelns ist ebenso kurz wie kompliziert. Gleichrangig neben den Glauben an Gott, so die Botschaft Jesu, tritt das Gebot der Nächstenliebe: „Du sollst deinen Nächsten lieben wie dich selbst." (Mt 22, 39)

Die meisten Menschen kennen sicherlich diese Textstelle aus der Bibel, und dennoch erscheint uns die Bedeutung dieser Aussage heute sehr fern. Die Würde seiner Mitmenschen zu achten, andere zu tolerieren in ihrem Anderssein, das sind Werte, die in demokratischen Gesellschaften selbstverständlich sein sollten, gehören sie doch zu unseren Grundrechten und Grundpflichten. Auch wenn wir immer wieder Verstöße gegen diese Basis unseres Zusammenlebens wahrnehmen, so ist für die meisten Menschen die Gültigkeit dieser Grundrechte selbstverständlich.

Lesen wir obige Textstelle jedoch genauer, so stellt man fest, dass es gar nicht nur und ausschließlich um unser Verhalten den Mitmenschen gegenüber geht, nein, es geht auch und gerade darum, wie wir mit uns selbst umgehen. Sich selbst lieben, sich selbst mit allen Stärken und Schwächen akzeptieren ist ein überaus schwieriges Unterfangen. Für unsere Kinder führt der Weg zur Selbstakzeptanz, zu einem positiven Selbstwert und zu dem Gefühl, die Fähigkeiten zu haben, um ein angestrebtes Ziel mit eigener Kraft erreichen zu können, über die Akzeptanz und die Liebe ihrer Eltern und ihrer Freunde. Werden Kinder ständig kritisiert, werden ihre Fähigkeiten in Frage gestellt, zeigen Eltern verbal oder nonverbal, dass sie eigentlich nicht mit ihrem Kind zufrieden sind, so ist die Gefahr groß, dass diese Kinder die Fähigkeit

Kinder müssen angenommen werden, mit allen Stärken und Schwächen. Nur dann lernen sie, sich selbst zu lieben.

zur Selbstakzeptanz nicht lernen. Das bedeutet auch, dass diese Kinder oft ihre eigenen Gefühle und Bedürfnisse nicht ernst nehmen, dass sie an ihren Fähigkeiten zweifeln und sich nichts so recht zutrauen. Umso wichtiger ist es, das Augenmerk auf den Aus- und Aufbau der Selbstakzeptanz bei Kindern zu richten. Der Aufbau eines gesunden Selbstbewusstseins ist dafür unerlässlich (siehe Kapitel 3, Seite 33 ff).

Die Fähigkeit zur Emotionsregulation

Wer oft mit dem Auto im dichten Stadtverkehr unterwegs ist oder morgens in der Rushhour zur Arbeit fährt, hat bestimmt schon zur Genüge erfahren, was mangelnde Emotionsregulation bedeuten kann. Da wird nicht nur im Auto geschimpft und getobt, Handzeichen unterschiedlichster Bedeutung ausgetauscht, da kommt es manchmal zu Situationen, die durchaus lebensbedrohlichen Charakter haben können. Da wird gedrängelt, bedroht und genötigt, wenn einzelne Autofahrer glauben, nicht schnell genug vom Fleck zu kommen, oder sich von anderen behindert fühlen. Oft werden regelrechte Kämpfe in den Blechkarossen ausgeführt, etwa weil sich der eine ungerecht behandelt glaubt, weil er zum Beispiel in unerlaubter Weise überholt wurde. Nun gilt es, seinen Kontrahenten zu belehren und ihm zu zeigen, wer der Stärkere oder Schnellere, wer der Sieger ist. In solchen Duellen fahren sonst friedfertige Menschen aggressive Manöver, die Unbeteiligten die Haare zu Berge stehen lassen. Dass solch unreguliertes Ausleben vorhandener Verärgerung hohe Risiken für die Beteiligten und leider auch für Unbeteiligte birgt, Risiken, die nicht selten mit dem Leben bezahlt werden, liegt auf der Hand.

Es ist unumgänglich zu lernen, seine Gefühle in Zaum zu halten und sich nicht zu unbedachtem Handeln hinreißen zu lassen.

Wer gelernt hat, seine Gefühle zu regulieren, weiß nicht nur, wie er den Ausdruck seiner Emotionen der aktuellen Situation und dem jeweiligen Gegenüber anpassen kann, er hat auch gelernt, sich von seinen Gefühlen nicht überwältigen zu lassen. Amerikanische Studien kommen sogar zu dem Ergebnis, dass Kinder, die von ihren Eltern gelernt haben, ihre Gefühle ernst zu nehmen und sinnvoll zu regulieren, in den Bereichen schulische Leistung, soziale Kompetenz, emotionales und körperliches Wohlbefinden, mathematisches Verständnis und Lesefähigkeit besser zurechtkamen. „Die Kinder kamen besser mit ihren Kameraden aus, zeigten ausgeprägtere soziale Fertigkeiten, und ihre Mütter berichteten, dass sie weniger negative, dafür aber mehr positive Gefühle zeigten. Verschiedene Indikatoren ließen zudem darauf schließen, dass die emotional trainierten Kinder weniger unter Stress litten." (2)

Auch wenn dieses umfassende Lob der emotionalen Intelligenz etwas weitgehend erscheint, so ist doch leicht nachzuvollziehen, dass Kinder, die besser als andere in der Lage sind, mit negativen Gefühlen wie Wut, Ärger, Trauer oder Angst umzugehen, auch besser mit anderen Menschen kommunizieren können und daher leichter Freunde und Freundinnen finden – und das ist für Einzelkinder besonders wichtig. Seine Gefühle sinnvoll regulieren zu können bedeutet aber auch, seine Gefühle nicht als Waffe zur Durchsetzung eigener Wünsche zu missbrauchen. Gerade Einzelkindern wird immer wieder vorgeworfen, dass sie verstärkt dazu neigen, die Erfüllung ihrer Wünsche durch Zornausbrüche oder tränenreiche Trauer zu erzwingen. Hier stellt sich sicher eine besondere Herausforderung für die Eltern, denn Kinder nutzen diese Strategie nur, wenn sie gelernt habe, dass sie auf diese Weise rasch Erfolg haben. Kinder, die gelernt haben, dass manche Ziele Zeit und Mühe brauchen, um erreichbar zu werden, sind aber auch eher in der Lage, mit den Anforderungen des schulischen Alltags zurechtzukommen.

Die Fähigkeit zur Empathie

Wer sich in andere hineinversetzen kann, verfügt über eine wichtige Voraussetzung, um Freunde zu gewinnen.

Anna-Lena (zwei Jahre) geht mit großer Begeisterung zum Mutter-Kind-Turnen. Dort wird gespielt und geklettert, gesungen und getanzt und alle Kinder dürfen auf dem großen Trampolin springen. Sie klatscht schon vor Beginn der Turnstunde vor Freude in die Hände und kann kaum erwarten, bis es endlich losgeht. Umso irritierter ist sie, als sie den neu in die Gruppe gekommenen Martin beobachtet. Martin ist schüchtern und ängstlich, die Situation ist ihm völlig fremd und er fühlt sich sichtlich unwohl in seiner Haut. Als er schließlich zum Mitmachen aufgefordert wird, fängt er an zu weinen. Anna-Lena hat

*gesehen, dass über Martins Wangen dicke Tränen hinunterkul-
lern, dass er schluchzt und weint. Aufgeregt läuft sie zu ihrer
Mutter und ruft immer wieder: „Martin weint, Martin traurig."
Sie sucht nach einer Lösung und holt schließlich ihren Schnuller, geht damit zu Martin und sagt: „Martin Schnuller, Schnuller tröstet."*

Wer ein solch mitfühlendes, empathisches Kind in seinem Tun
beobachtet, ist meist völlig gerührt über diese selbstlose, an-
teilnehmende Tat der Kleinen. Reagieren die meisten Kinder
bis zu ihrem ersten Geburtstag auf den Kummer anderer mit
eigenem Kummer, mit eigenen Tränen, so versuchen bereits
Zweijährige, den Traurigen zu trösten und das vorhandene
Leid zu lindern.

> Als Empathie bezeichnet man die Fähigkeit, sich in die
> Situation des anderen hineinfühlen zu können. Sie ist
> eine wesentliche Voraussetzung für altruistisches, sozia-
> les Handeln. Von Bedeutung ist dabei aber auch der Per-
> spektivwechsel, das heißt die Fähigkeit, die Situation des
> anderen kognitiv nachvollziehen zu können.

Mit sozial kompetentem Verhalten im engeren Sinne verbinden sich oft Vorstellungen über eben diese Fähigkeit sowie
die Bereitschaft, anderen beizustehen. Dazu müssen Kinder
lernen, die Welt aus dem Blickwinkel des jeweils anderen zu
betrachten und seine emotionale Befindlichkeit nachzufüh-
len. Kinder müssen aber auch lernen, dass ihre Hilfsbereit-
schaft Grenzen kennen muss, dass sie sich nicht von anderen
ausnützen lassen dürfen und dass sie sich selbst bei aller Hilfsbereitschaft nicht in Gefahr bringen dürfen. Hilfsbereitschaft
verlangt nicht immer nur die sofortige konkrete Aktion, sondern auch kluge Überlegung (siehe Kapitel 5, Seite 81 ff.).

Die Fähigkeit, Beziehungen aufbauen zu können

Der Mensch ist ein soziales Wesen und braucht verlässliche Beziehungen zu anderen Menschen. Für Einzelkinder ist daher die Fähigkeit, Freundschaften aufbauen zu können, besonders wichtig.

Kein Mensch kann ohne andere Menschen leben. Wir alle brauchen Beziehungen zu anderen Menschen. Für Neugeborene und Säuglinge ist die Bindung an ihre Eltern physische und psychische Lebensnotwendigkeit. Für heranwachsende Kinder bleibt das Eingebettet-Sein in familiäre Netze, die Verbundenheit zu den Eltern, Großeltern und eventuell Geschwistern eine sichere Basis, von der aus sie die Welt, die Mitmenschen und sich selbst entdecken können.

Neben der Familie, neben den Eltern als zentralen Ankerpunkten, gewinnen jedoch mit wachsendem Alter zunehmend gleichaltrige Spielpartner und Freunde an Bedeutung für die Kinder. „In der Kindheit wird der Gleichaltrige (‚Peer') zur wichtigsten Bezugsperson. Die Interaktion mit Gleichaltrigen fördert die Entwicklung eines Sozialverhaltens, das im Gegensatz zur Interaktion mit Erwachsenen stärker symmetrisch ist, das Verständnis für Gleichheit und Gerechtigkeit aufbaut und wesentlich zum Selbstverständnis (‚Selbstkonzept') der Kinder beiträgt." (3)

Die etwa ab dem Kindergartenalter zunehmend an Bedeutung gewinnenden Beziehungen zu Gleichaltrigen stellen jedoch neue Anforderungen an die Heranwachsenden. Freunde müssen erst einmal gewonnen werden und, was noch viel schwieriger ist, Freundschaften wollen gepflegt werden, auftretende Konflikte und Streitereien bedürfen der Klärung. Da sind oft neue, geschickte Strategien zum Aushandeln eigener oder gemeinsamer Handlungsziele gefragt. Dabei stellt sich die Frage, ob es Einzelkinder schwerer haben, Freunde zu finden oder Konflikte in den Beziehungen zu Gleichaltrigen zu lösen, weil ihnen die Erfahrungen im Umgang mit Geschwistern fehlen (siehe Kapitel 6, Seite 99 ff.).

Die Fähigkeit zur Achtsamkeit

Sabine (viereinhalb Jahre) hat schlechte Laune. Im Kindergarten soll heute gebastelt werden, aber sie hat keine Lust dazu. Leider findet sie auch kein anderes Kind, das mit ihr spielen möchte, denn die anderen basteln alle vergnügt an ihren Laternen. Es ist Sabine langweilig, sie nimmt die Schere und mit ein paar raschen Schnitten zerstört sie Alinas selbst gebastelte Laterne.

Jonas und Paul (beide zwölf Jahre) fahren gemeinsam mit dem Bus zum Fußballtraining. Sie flegeln sich in die Sitze, jeder eine Bank für sich einnehmend, legen ihre Füße auf die Polster und benehmen sich insgesamt recht unflätig. Ihre Getränkedosen entsorgen sie auf dem Boden des Busses, ihre Kaugummis unter den Sitzflächen. Als ein Mitfahrender sich über ihre Manieren empört, reagieren beide gereizt und belegen den Mann mit verschiedenen Schimpfwörtern. Kopfschüttelnd wenden sich die übrigen Passagiere ab, hoffend, dass die beiden Halbstarken nun bald aussteigen.

Kinder müssen Werte und Regeln übernehmen und verinnerlichen – und gleichzeitig lernen, dass nicht jede Regel immer für jeden gilt.

Zwischen Sabines Zerstörungsaktion und dem pubertären Gehabe der beiden Halbstarken liegen Welten, und dennoch ist beiden Verhaltensmustern eines gemeinsam: Hingerissen von der Macht der eigenen Gefühle, nehmen diese Kinder in ihrer Situation nur sich und ihre eigene Welt wahr. Ihre Umwelt, Dinge, die anderen gehören, ja sogar ihre Mitmenschen und deren Gefühle spielen in ihrer Welt gewissermaßen eine Statistenrolle. Aggressives Verhalten wird dabei als Mittel zur Erreichung eigener Ziele eingesetzt, etwa um den Bastelvormittag zu beenden oder um seiner Missachtung der Gesellschaft und ihrer Regeln Ausdruck zu verleihen. Von Behutsamkeit im Umgang mit anderen Menschen oder von Sorgfalt im

Umgang mit Materialien kann hier keine Rede sein. Ohne Achtung vor den Mitmenschen, ohne Achtsamkeit im Umgang mit der Welt der Dinge entbehrt sozial kompetentes Verhalten jedoch jeglicher Grundlage.

Auf sich selbst und auf andere Acht zu geben, sorgsam mit Materialien umzugehen stellt daher einen Wert dar, den es in der Erziehung der Kinder zu verankern gilt (siehe Kapitel 7, Seite 115 ff.).

Das Selbstbewusstsein – ich bin ich

Kinder brauchen ein positives und stabiles Bild von sich selbst. Erst dann sind sie in der Lage, offen und einfühlsam auf andere einzugehen. Das gilt für Einzel- wie für Geschwisterkinder – und für Erwachsene übrigens ebenso.

Warum ist Selbstbewusstsein so wichtig?

Kinder müssen das Gefühl haben, ihr Leben zielgerichtet gestalten zu können.

Um sozial kompetent handeln zu können, brauchen Kinder ein gesundes Selbstbewusstsein. Sie müssen ihre Fähigkeiten kennen und wissen, dass sie in der Lage sind, Dinge zu beeinflussen. Menschen, die überzeugt sind, dass sie etwas bewirken können, dass sie die Ziele, die sie erreichen wollen, auch erreichen können, sind eher in der Lage, sich zu engagieren und ihre Pläne in konkrete Taten umzusetzen.

Menschen, die optimistisch in die Zukunft blicken, weil sie wissen, dass sie fähig sind, ihren Lebensweg mitzugestalten, sind eher bereit, sich für sich selbst und für andere einzusetzen.

Doch wie bauen Kinder ein positives Selbstkonzept auf? Ist das Selbstkonzept von Einzelkindern anders als das von Kindern, die mit Geschwistern groß werden? Wie lernen Kinder, sich selbst wertzuschätzen? Wie kommen Kinder zu der Überzeugung, dass ihr Handeln sinnvoll und effektiv ist?

Kinder müssen im Alltag immer wieder lernen, sich selbst zu akzeptieren und wertzuschätzen. Selbstwirksamkeit, die Überzeugung, etwas bewirken zu können, ist dabei für Kinder und Erwachsene ein enger Verbündeter des Optimismus. Das Wissen, etwas erreichen zu können, macht Mut, das eigene Leben in die Hand zu nehmen.

Selbstwahrnehmung und Selbstkonzept

Abhandlungen über das „Selbst" des Menschen nehmen in der psychologischen Literatur schon seit langem einen breiten Raum ein und erleben zurzeit eine neue Hochkonjunktur. Bedauerlicherweise führte die lange Tradition der Forschungen über Inhalt, Aufbau und Entwicklung des Selbst und seiner Bedeutung für die verschiedensten psychischen Prozesse nicht zu einer Vereinheitlichung der Begrifflichkeiten. Begriffe wie Selbstkonzept, Selbstwert, Ich, Selbst usw. werden zum Teil synonym gebraucht, zum Teil deutlich voneinander abgegrenzt. Vorab sei daher eine Klärung über die hier verwendeten Begriffe erlaubt.

In Anlehnung an den bekannten Psychologen Philip Zimbardo wird in diesem Buch unter Selbstkonzept eine veränderbare mentale Struktur verstanden, durch die ein Mensch in der Lage ist, sich selbst kognitiv zu repräsentieren. Selbstkonzept meint damit eine Art Bild, das der Einzelne von sich und seinen Fähigkeiten verinnerlicht. Dieses Bild beeinflusst und reguliert die Handlungen, Gedanken und Gefühle des Einzelnen. Unser inneres Selbstbild ist in der Regel trotz sich ändernder äußerer Bedingungen relativ stabil, unser Selbstkonzept oft nur schwer veränderbar.

Wenn das Selbstkonzept eines Kindes beinhaltet, dass es sich attraktiv, intelligent, geliebt und akzeptiert fühlt, so kann man sich leicht vorstellen, dass es diesem Kind weitaus leichter fällt als anderen, neue Situationen zu meistern und Freunde zu finden. Kinder, die sich selbst eher als defizitär erleben, reagieren dagegen auf Stresssituationen wesentlich stärker mit Angst oder Verärgerung.

Basis des Selbstkonzepts sind die Erfahrungen, die jeder im Verlaufe seiner Entwicklung mit sich und der Umwelt macht. Diese Erfahrungen spiegeln sich dabei sowohl in der Selbstwahrnehmung des Einzelnen als auch in seiner Interaktion mit anderen wider. Es ist einleuchtend, dass Geschwisterkinder hier andere Erfahrungen machen als Einzelkinder.

Doch betrachten wir zunächst einmal die Selbstwahrnehmung als Quelle der Selbstkonzeptbildung. Wir alle wissen, dass Selbstwahrnehmung und Fremdwahrnehmung nicht immer deckungsgleich sind. Wie wir uns selbst wahrnehmen und

Jeder Mensch hat ein Bild von sich selbst im Kopf. Sieht er sich selbst positiv, geht er sein Leben erfolgreicher an.

Die Selbstwahr-nehmung stimmt oft nicht mit der Wahrnehmung überein, die andere von einem haben.

bewerten, stimmt keineswegs immer mit der Wahrnehmung anderer überein. Jeder von uns kennt Tage, an denen wir mit uns unzufrieden sind und an uns herummäkeln; wir fühlen uns dann zu dick, zu dünn, zu klein oder zu groß. Zu Rate gezogene Freunde stellen dagegen keinerlei Veränderungen zum Negativen fest. Bei Kindern kann man immer wieder beobachten, dass sie den Grad ihrer Beliebtheit in ihrer Gruppe oder Klasse falsch einschätzen. Insbesondere Kinder, die stark geneigt sind, an ihren Fähigkeiten zu zweifeln, halten sich selbst für wenig attraktiv, glauben, von den anderen nicht akzeptiert oder gemocht zu sein. Immer wieder spielt uns unsere Selbstwahrnehmung einen Streich, denn was wir aus der Fülle möglicher Informationen über uns aufnehmen und wie wir diese bewerten, ist keineswegs objektiv. Wahrnehmung verläuft immer subjektiv und ist daher extrem störanfällig und selektiv. Umso wichtiger ist deshalb der Austausch mit anderen, an dessen Beginn die Erfahrung der Getrenntheit des kindlichen Selbst von der Mutter steht. Gliedert man die unterschiedlichen Phasen der Selbstkonzeptentwicklung, so fällt auf, dass je nach Alter der Kinder unterschiedliche Themen im Zentrum ihrer Wahrnehmung stehen.

Die Phasen der Selbstkonzeptentwicklung

1. Säuglinge und Kleinkinder: Psychologen gehen davon aus, dass Säuglinge ab dem vierten bis fünften Monat lernen, zwischen sich und ihrer Mutter zu differenzieren. Vor diesem Zeitpunkt gab es für die Neugeborenen noch keine Unterscheidung zwischen „Das bin ich" und „Das bin ich nicht, das ist meine Mama". Untersuchungen zum Verhalten von Kleinkindern beim Anblick ihres *veränderten Äußeren* im Spiegel zeigen, dass Kinder ab dem siebten Monat in der Lage sind, zwischen dem eigenen Spiegelbild und dem Spiegelbild anderer Kinder zu unterscheiden, und ab dem

15. Monat über Kenntnisse ihrer *Gesichtszüge* verfügen. Merkmale des *Alters und des Geschlechtes* stellen die ersten Kategorien dar, die Zweijährige zur Charakterisierung ihres Selbst verwenden.

2. Grundschulkinder: Für Kinder ab dem siebten Lebensjahr steht die *körperliche Aktivität* im Zentrum ihres Selbstkonzepts sowie in zunehmendem Maß der *Vergleich mit Gleichaltrigen*. Daher ist es spätestens ab diesem Zeitpunkt für Kinder wichtig, dass sie Chancen nutzen, sich mit anderen zu messen und ihre Fähigkeiten zu erproben. Es ist ratsam, Einzelkindern diese Möglichkeiten zum Kontakt und Spiel mit Gleichaltrigen schon früher zu schaffen. Es bedarf einiger Übung, wenn man sich mit anderen messen und vergleichen will, wenn man lernen soll, wie man sich und seine Talente im Spiel mit anderen einsetzen und nutzen kann. Geben Sie Ihrem Kind daher die Chance, sich in dieses zentrale Feld des kindlichen Selbstkonzepts hineinzufinden und sich darin zu erproben.

3. Jugendliche: Das soziale Selbst rückt während der frühen Adoleszenz in den Mittelpunkt. *Soziale Vergleiche* und die Stellung des Heranwachsenden in der sozialen Bezugsgruppe stellen nun ein wichtiges Element für Selbstkonzept und Selbstwertgefühl dar. Für Jugendliche stehen *geistige Merkmale, eigene Vorstellungen und Einstellungen* im Mittelpunkt ihrer Selbsterfahrung.

Die Auseinandersetzung mit Gleichaltrigen wird mit zunehmendem Alter immer wichtiger für die Herausbildung des Selbstkonzepts.

In Bezug auf Geschlechtsunterschiede bei den Selbstkonzepten kommen Studien zu dem Ergebnis, dass soziale Fähigkeiten für das Selbstkonzept von Mädchen wichtiger sind als für Jungen der gleichen Altersstufe. Jungen schätzen sich hinsichtlich ihrer Leistungsfähigkeit (sowohl auf intellektueller als auch auf körperlicher Ebene), ihrer Durchsetzungsfähigkeit und ihrer Selbstsicherheit höher ein als Mädchen.

Das Selbstkonzept setzt sich also aus individuell unterschiedlich bedeutsamen und unterschiedlich komplexen Facetten innerer und äußerer Wesensmerkmale zusammen. Mit zunehmendem Alter werden dabei abstraktere Werte ebenfalls wichtig.

Zentrale Themen der Selbstkonzepte von Kindern und Jugendlichen sind dabei:

- schulische Leistungsfähigkeit
- Akzeptanz durch Gleichaltrige und Freunde
- Kompetenz in Spiel und Sport

Wie können die Eltern die Ausbildung eines positiven Selbstkonzepts unterstützen?

Eltern sollten ihr Kind realistisch sehen. Das bedeutet, es nicht über die Maßen zu loben, es aber auch nicht ständig zu kritisieren.

Im kindlichen Selbstkonzept spiegelt sich die Erfahrung, die das Kind mit sich und seiner Umwelt gemacht hat. Von zentraler Bedeutung sind dabei die Erfahrungen, die der Heranwachsende mit wichtigen Bezugspersonen erlebt.

Immer wieder erhält Ihr Kind also Rückmeldungen von anderen, sieht sich im Licht anderer beurteilt und bewertet. Wenn Ihr Kind sich mit all seinen Stärken und Schwächen angenommen fühlt, wenn Ihr Kind spürt, dass seine spezifischen Fähigkeiten und Talente auch tatsächlich wahrgenommen werden, dann gelingt es ihm auch, ein positives Bild von sich aufzubauen.

Wichtige Bezugspersonen Ihres Kindes sind dabei nicht nur Sie als Eltern. Freunde, Bekannte und Klassenkameraden spielen eine wichtige Rolle beim Aufbau eines positiven Selbstkonzepts.

Eltern, die mit Recht stolz auf ihr Kind sind, sollten vor allem beachten, dass es keineswegs sinnvoll ist, das Kind ständig und undifferenziert zu loben. Es geht nicht darum, jede Tat des Kindes als Heldentat über den grünen Klee zu loben. Das Kind wird rasch spüren, dass solches Lob ohne Inhalt ist.

Loben Sie Ihr Kind, wenn es etwas wirklich gut gemacht hat, wenn es seine Fähigkeiten eingesetzt hat, um ein Problem zu lösen oder eine Aufgabe zu meistern. Suggerieren Sie Ihrem Kind nicht, dass es der oder die Größte, Beste und Tollste ist, sondern geben Sie konkrete Rückmeldung über seine Talente und Fähigkeiten und helfen Sie ihm, Wege zu finden, um Defizite auszugleichen.

Geben Sie Ihrem Kind Spielräume, in denen es sich mit anderen Kindern treffen kann und mit Gleichaltrigen die Welt entdecken und erobern kann. Dazu gehört es auch zu lernen, wie man gemeinsam Spiele ersinnt, Spielregeln aushandelt und Spielkonflikte löst. Greifen Sie daher nicht zu rasch ein, geben Sie Ihrem Kind die Chance, selbst Probleme zu meistern und mit anderen Lösungen zu erproben. Diese Auseinandersetzung mit Spielgefährten ist gerade für Einzelkinder besonders wichtig.

Welche Rolle spielen Geschwister für das Selbstkonzept?

Kommen wir zu der Frage, ob die Bildung des Selbstkonzepts bei Einzelkindern anders verläuft oder andere Inhalte hat als bei Kindern, die mit Geschwistern aufwachsen.

Zunächst liegt die Vermutung nahe, dass Geschwister eine zentrale Quelle der Selbsterfahrung und der Spiegelung eigener Kompetenzen sind. Eine Quelle noch dazu, die in der Regel eine größere Altersgleichheit aufweist und ebenbürtigere Vergleiche zulässt, als dies mit den Eltern möglich ist. Fasst man die verschiedenen Untersuchungen zu dieser Fragestellung zusammen, kommt man zu einem erstaunlichen Ergebnis:

1. Einzelkinder unterscheiden sich offenbar nicht in ihrem Selbstkonzept von Kindern, die mit Geschwistern aufwachsen.

Der Umgang mit Gleichaltrigen ist wichtig für den Aufbau des Selbstkonzepts – doch das müssen keineswegs Geschwister sein.

2. Es gibt keine Hinweise darauf, dass das Aufwachsen ohne Geschwisterkinder einen Einfluss auf die Selbstkonzeptbildung von Einzelkindern hat.

Entscheidend für den Aufbau eines positiven Selbstbildes ist der Kontakt zu den Eltern und zu Gleichaltrigen. Dies gilt für Geschwisterkinder genauso wie für Einzelkinder. Offenbar ist daher die Art und Weise, wie Eltern mit ihren Kindern umgehen, weitaus wichtiger als die Größe der Familie oder die Anzahl der Geschwister.

Kinder, die mit älteren Geschwistern aufwachsen, haben es unter Umständen sogar schwerer als Einzelkinder, ein positives Bild ihrer selbst aufzubauen, können die älteren Brüder und Schwestern doch schon so vieles so viel besser.

Matthias ist ein reizender dreijähriger Bursche, der stets sehr zurückhaltend und schüchtern wirkt und nur mit größten Mühen motiviert werden kann, sich von Mutters Bein zu lösen. Matthias hat zwei ältere Geschwister, die schon zur Schule gehen. Da ist es oft ganz schön turbulent zu Hause, vieles muss schnell erledigt werden, da so viele Termine einzuhalten sind. Mittagessen, Hausaufgaben machen, Flötenunterricht da, Turnverein hier. Die Mutter muss gut organisieren. Julia, Matthias' ältere Schwester, hat die Aufgabe, den Tisch zu decken. Als Matthias ihr helfen will, heißt es: „Nein, Matthias, du bist noch zu klein dafür, das muss jetzt schnell gehen." Ebenso ergeht es ihm beim Ausräumen der Spülmaschine, beim Einkauf beim Bäcker um die Ecke, beim Schreiben eines Briefes an die Oma. Alles können die Größeren besser und schneller.

Bei so vielen negativen Erfahrungen ist es schwer, ein positives Selbstkonzept aufzubauen. Umso wichtiger ist es daher, dass Eltern ihre Aufmerksamkeit nicht so sehr auf die Unzulänglichkeiten und Schwierigkeiten ihres Kindes lenken, sondern sich bewusst klar machen, was ihr Kind schon alles kann, wo seine Stärken liegen. Hier anzusetzen und dem Kind zu helfen, seine Fähigkeiten zu üben und auszubauen, ermöglicht ihm, ein positives Bild von sich zu gewinnen. Wird das Kind jedoch ständig kritisiert und seine Unfähigkeit bemängelt, wird es kaum den Mut entwickeln, Neues zu wagen oder Bekanntes weiterzuentwickeln.

Selbstwert: sich selbst wertschätzen

Und wie hängen nun Selbstkonzept und Selbstwertgefühl zusammen?

Das Selbstwertgefühl bündelt die unter Umständen sehr unterschiedlichen Elemente des Selbstkonzepts. Das Selbstwertgefühl ergibt sich demnach aus der Summe aller Selbsteinschätzungen und -bewertungen.

Der Selbstwert entsteht wesentlich durch die Wertschätzung anderer Menschen.

Damit resultiert ein hohes und stabiles Selbstwertgefühl der Kinder und Jugendlichen aus ihrer persönlichen Einschätzung, in den für sie wichtigen Bereichen hohe oder ausreichende Kompetenzen zu besitzen. Eine solche Einschätzung beruht wesentlich auf dem Vergleich eigener Fähigkeiten mit denen Gleichaltriger.

Der Vergleich mit Gleichaltrigen ist wichtig, um einen Maßstab für die Güte eigenen Verhaltens, eigener Kompetenz zu erlangen. Darüber hinaus ist gerade die Einschätzung vorhandener Fähigkeiten durch Freunde und Gleichaltrige eine zentrale Quelle zur Bewertung eigener Fähigkeiten. Die im Umgang mit anderen wahrgenommene Bewertung des eigenen Handelns, der eigenen Person spielt also eine zentrale Rolle bei der Entwicklung des Selbstwertgefühls. Das Urteil der Menschen, die für den Einzelnen eine herausragende Bedeutung haben, wird damit zum Ankerpunkt des Selbstwerts. Wenn anderen Menschen bei der Selbstwertbildung eine solch ausschlaggebende Rolle zuteil wird, so bedeutet das auch, dass ein hoher Selbstwert Ergebnis der Wertschätzung anderer ist, ein niedriger Selbstwert durch die Abwertung entsteht, die ein Kind durch andere erfährt.

Feinfühligkeit im Umgang mit den Bedürfnissen des Kindes ist eine ganz wichtige Fähigkeit der Eltern.

In der Neugeborenen- bzw. Kleinkindphase sind vor allem die primären Bezugspersonen, insbesondere die Eltern, wichtig für den Aufbau eines positiven Selbstwertgefühls. Vor allem die Qualität der Bindung, die Feinfühligkeit der Eltern und die Wertschätzung, die sie ihrem Kind entgegenbringen, sind dabei von großer Bedeutung für die Bildung eines stabilen und positiven Selbst. Feinfühligkeit meint dabei nicht, dass Sie Ihrem Kind in allem nachgeben sollen, dass Sie all sein Tun und Reden loben und positiv verstärken. Feinfühligkeit meint, im richtigen Augenblick angemessen zu reagieren und dem Kind das zu geben, was es braucht. Das können durchaus auch Grenzen und ein klares „Nein" sein.

Im schwierigen Spagat zwischen zu viel oder zu wenig Lob, zwischen unrealistischer Selbstüberschätzung und übertriebener Selbstabwertung müssen alle Eltern einen Mittelweg finden. Achten Sie darauf, Ihr Kind und seine Talente richtig wahrzunehmen und zu fördern. Der Weg in die Selbstüberschätzung oder in die Selbstunterschätzung beginnt in der Regel bei einer falschen, unrealistischen Einschätzung der Eltern.

Bei älteren Kindern beeinflussen vor allem Gleichaltrige und Freunde das Selbstwertgefühl der Heranwachsenden entscheidend. Ist es doch gerade die Zugehörigkeit zu einer anerkannten Gruppe, die Stellung innerhalb der Peergruppe, die zum Statusgewinn oder Statusverlust, zu Anerkennung oder Ablehnung führt (siehe auch Kapitel 6, Seite 99 ff.).

Die Macht der Gleichaltrigen im Freundeskreis, in der Clique oder in der Klassengemeinschaft wird besonders deutlich, wenn man das Schicksal von Außenseitern betrachtet. Zurückgewiesene, abgelehnte Kinder werden von den Gleichaltrigen mit negativen Beschreibungen und Emotionen belegt. Auf diese Ablehnung reagieren die solchermaßen verschmähten Kinder entweder mit aggressiverem Verhalten im Kontakt zu den Peers oder sie ziehen sich in sich selbst zurück. Insgesamt zeigen abgelehnte Kinder deutlich weniger positives soziales Verhalten als andere.

Wie wird ein Kind zum Außenseiter?

Welche Etappen können für ein Kind in die Ablehnung durch andere Kinder führen? Was lässt Kinder zu Außenseitern werden? In der Forschung wird folgender Zusammenhang diskutiert:

1. Am Anfang des Teufelskreises steht in der Regel ein Bindungsverhalten, das sich (insbesondere bei unsicherer Bindungsqualität) negativ auf die sozialen Kompetenzen aus-

Außenseiter haben meist schon im frühen Kleinkindalter nur unsichere Bindungen erfahren.

wirken kann. Ursache dieser unsicheren Bindung zwischen Eltern und Kind ist die mangelnde Feinfühligkeit oder eine Überforderung der Eltern (zum Beispiel aufgrund des schwierigen Temperaments ihres Kindes).

2. Das Kind benimmt sich in der Gruppe der Gleichaltrigen auffällig, es ist aggressiv, feindselig und zeigt wenig soziale Kompetenzen.

3. Die Peergruppe lehnt das Kind aufgrund seines Verhaltens ab, wobei der Status des Abgelehnt-Werdens unter Umständen auch dann erhalten bleibt, wenn sich das Verhalten des Kindes positiv verändert.

Außenseiter, also Kinder, die von ihren Peers abgelehnt werden, haben es furchtbar schwer. Sie sind unsicher, wie sie sich verhalten sollen, und suchen ihr Heil oft in unklugen Attacken auf andere Kinder oder sie meiden den Kontakt zu den Gleichaltrigen. Beide Strategien sind jedoch keineswegs geeignet, den negativen Status dieser Kinder zu verändern. Darüber hinaus gelten diese Kinder oft auch als unsozial und wenig hilfsbereit, ein Urteil, das nicht geeignet ist, ihren Stellenwert in der Gruppe zu erhöhen.

Auf der anderen Seite zeigen Studien, dass beliebte Kinder eine positivere Selbstwahrnehmung und ein deutlich positiveres Selbstwertgefühl haben.

Aufgabe der Erziehenden muss es daher sein, Kindern zu helfen, eine positive Selbstwahrnehmung und ein positives Selbstwertgefühl aufzubauen.

Wie kann ein positives Selbstwertgefühl aufgebaut werden?

Abgelehnten Kindern müssen Hilfen angeboten werden, damit sie ihre positiven Seiten besser präsentieren können. Man kann diesen Kindern zum Beispiel bewusst gemeinschaftsdienliche Aufgaben geben, das heißt ihnen öfter mal besonders positiv bewertete Tätigkeiten auftragen. Oder man lenkt sein eigenes Augenmerk auf lobenswerte Verhaltensansätze des Kindes, um diese ausdrücklich hervorzuheben. Wichtig ist auch, dem solchermaßen verunsicherten Kind Handlungsalternativen aufzuzeigen. Oft müssen diese Kinder erst lernen, wie sie mit ihren gleichaltrigen Kollegen umgehen können und sollen. Ziel muss es dabei immer sein, positive Kompetenzen des Kindes zu stärken, denn nur so kann sich langsam ein Selbstwertgefühl aufbauen. Überlegen Sie gemeinsam mit Ihrem Kind, wie Ihr Kind anders reagieren könnte, wenn die anderen es hänseln.

Jeder Mensch braucht Lob, Anerkennung und positives Feedback.

- „Bleib ruhig und gelassen, geh woanders hin und lass dich nicht provozieren" ist ein solcher Tipp für Kinder, die sich leicht in Rage bringen lassen.
- „Such dir Unterstützung bei anderen" – auch das hilft Kindern, die von anderen bedrängt werden.
- „Lade dir Spielkameraden nach Hause ein; dort, wo du dich sicher fühlst, bist du viel mehr du selbst."

Vielleicht hat Ihr Kind Interesse an Sport, Musik oder anderen Aktivitäten. Für Kinder, die in ihrer Kindergartengruppe, in ihrer Vorschulklasse oder in ihrer Schulklasse auf Ablehnung stoßen, ist es umso wichtiger, sich anderen Gruppen anzuschließen und Bestätigung in ihren Freizeitaktivitäten zu finden. Wenn die Belastung in der Gruppe für Ihr Kind sehr hoch ist, zögern Sie nicht, die Gruppenleiterin oder Klassenlehrerin anzusprechen und gemeinsam nach Lösungen zu suchen; unter Umständen muss auch ein Wechsel der Gruppe in Erwägung gezogen werden. Wichtig ist es dann, den Neuanfang entsprechend aufmerksam und unterstützend für das Kind zu begleiten, denn für Ihr Kind bedeutet diese Zeit eine besondere Herausforderung.

Selbstwirksamkeit:
Ich kann etwas erreichen

Schon der Säugling erfährt, dass er durch sein Tun Dinge beeinflussen kann.

Kinder entdecken bereits im Alter von wenigen Monaten, dass ihr Verhalten Wirkung zeigt, dass zwischen ihren Aktionen und den wahrgenommenen Reaktionen der Umwelt eine Beziehung besteht. Je konstanter diese Beziehung ist, je transparenter die Struktur der Interaktion ist, umso intensiver und damit umso tief greifender ist das Wissen über die eigene Wirksamkeit. Wurde zum Beispiel erst einmal die Erfahrung gemacht, dass das Bewegen der Rassel ein angenehmes Geräusch produziert, so führen Säuglinge dieses Bewegungsmuster immer wieder durch. So lernen sie, dass das Ergebnis ihres Handelns die vorausgesehene Wirkung hat. Diese ganz grundlegenden Erfahrungen stabiler, vorhersagbarer Beziehungen zwischen eigenem Verhalten und nachfolgender Reaktion stellen eine erste zentrale Komponente im Aufbau der Vorstellungen über die eigene Wirksamkeit dar. Sie bilden die Basis für Kontrollerfahrungen und für die Vorstellung der Bedeutung eigenen Handelns beim Erreichen anvisierter Ziele.

Neben diesen Lernerfahrungen zur Kontingenz spielt das vorhersagbare und feinfühlige Verhalten der Eltern eine wichtige Rolle im Aufbau eigener Kompetenz- und Kontrollerfahrungen. Ist es doch das Vertrauen in die Fähigkeiten des Kindes und die entwicklungsangepasste Förderung seiner Kompetenzen, das dem Kind die Erfahrung eigener Wirksamkeit ermöglicht.

„Die allererste Quelle für die Entwicklung der inneren individuellen Eigenschaften der Persönlichkeit des Kindes ist die Zusammenarbeit (wobei dieses Wort im weitesten Sinne zu verstehen ist) mit anderen Menschen." (4) In enger Beziehung zu der im Verlaufe der kindlichen Entwicklung erworbenen

Kontrollerfahrung steht der Erwerb und das Wissen um die Selbstwirksamkeit, die Erfahrung, selbst gesteckte Ziele aus eigener Kraft erreichen zu können.

Durch die Vorstellung eigener Kontrolle, durch den Glauben an die eigene Wirksamkeit werden sowohl die Handlungen als auch die Emotionen entscheidend beeinflusst. In Bezug auf die Handlungsebene konnte Collins (1982) in einer Untersuchung mit Kindern zeigen, dass bei gleicher mathematischer Befähigung die Kinder, die sich selbst eine hohe mathematische Wirksamkeit zuschrieben, schneller falsche Strategien aufdeckten, mehr Probleme lösten und falsch gelöste Aufgaben häufiger noch einmal anpackten als die Kinder, die an ihrer Wirksamkeit zweifelten.

In Bezug auf die emotionale Ebene geht Bandura (1992) davon aus, dass Personen, die glauben, eine geringes Potenzial zur Bewältigung möglicher Bedrohungen zu besitzen, häufiger unter Angst zu leiden haben. Die Gründe für diesen engen Zusammenhang zwischen niedriger Selbstwirksamkeitserwartung und hohem Angstpotenzial liegen unter anderem darin, dass Personen mit geringer Selbstwirksamkeitserwartung eine Situation eher als gefährlich, als selbstwertbedrohend wahrnehmen und mit erhöhter physiologischer Erregung reagieren. Die Erfahrung und die Vorstellung geringer Selbstwirksamkeit spielen, wie die Erfahrung eigener Hilflosigkeit, unter anderem eine wichtige Rolle bei der Entstehung von Depressionen.

> Von zentraler Bedeutung für den Aufbau einer positiven Selbstwirksamkeitserwartung ist die Erfahrung, auf spezifisches Handeln eine prognostizierbare, erwünschte Reaktion zu erhalten.

Skinner et al. (1990) konnten in ihrer Studie mit Kindern zwischen neun und zwölf Jahren zeigen, dass das Ausmaß des Engagements (auch in der Schule) durch die Vorstellung der Ineffektivität der eigenen Handlung deutlich untergraben wurde. Kinder, die sich selbst wenig Kontrollmöglichkeiten einräumten, neigten eher dazu, auf Herausforderungen impulsiv oder verwirrt zu reagieren.

Welches Selbstvertrauen haben Einzelkinder?

Einzelkinder fühlen sich stärker für ihr Tun selbst verantwortlich als Geschwisterkinder.

Interessanterweise belegen Studien, dass Einzelkinder im Vergleich zu Kindern, die mit Geschwistern aufwachsen, eine stärkere innere Kontrollüberzeugung gewinnen. Sie fühlen sich also in weitaus stärkerem Maße für ihre Geschicke verantwortlich und in der Lage, Ereignisse, Situationen und Vorgänge zu kontrollieren.

Vielleicht hängt damit zusammen, dass in vielen Studien „für geschwisterlose Kinder und Jugendliche durchgängig bessere Ausgangsbedingungen ermittelt wurden, was Schullaufbahn, berufliche Ausbildung, Leistungsmotivation und geplante berufliche Laufbahn anging". (5)

Sich selbst etwas zutrauen, sich für fähig halten, Dinge zu ändern, effektiv zu handeln, diese Eigenschaften werden damit zu einer wichtigen Voraussetzung sozial kompetenten Handelns. Kinder, die glauben, nichts verändern, nichts erreichen zu können oder abgelehnt zu werden, sind dagegen kaum in der Lage, anderen beizustehen.

Helfen Sie daher Ihrem Kind, Vertrauen in seine Fähigkeiten zu entwickeln. Trauen Sie Ihrem Kind etwas zu. Geben Sie ihm altersgerechte Aufgaben, die es selbstständig bewältigen kann und bei denen es Verantwortung übernimmt – sei es das Ausräumen der Spülmaschine, das Decken des Tischs oder die Hilfe beim Wäschefalten. Kleine Aufgaben im Haushalt sind für kleine Kinder oft gute Übungen für das Selbstständig-Werden.

Wenn Sie einen eigenen Garten haben, teilen Sie doch einfach einen kleinen Bereich als Beet für Ihr Kind ab. In dieses Beet darf Ihr Kind pflanzen, was es möchte; allerdings muss es auch die Pflege seines kleinen Gartens selbst übernehmen.

Unkraut zupfen, den Pflanzen Wasser geben, dies sind Aufgaben Ihres Kindes. Greifen Sie daher nicht ein, wenn die Pflanzen zu verdursten drohen. Die Erfahrung, dass die Vernachlässigung bestehender Pflichten durchaus schwer wiegende Konsequenzen haben kann, ist wichtig und es ist weitaus besser, diesen Lernschritt bei den eigenen Blumen zu machen als bei eigenen Tieren. Bevor Sie Ihrem Kind ein Tier schenken, sollten Sie sicherstellen, dass Ihr Sohn oder Ihre Tochter auch wirklich willens und fähig ist, die Sorge für dieses Lebewesen zu übernehmen. Ein Hamster, ein eigenes Kaninchen oder ein Wellensittich sind für Kinder toll, aber diese Tiere wollen auch regelmäßig gefüttert und versorgt werden. Der Stall oder Käfig muss gesäubert werden und vor dem Urlaub muss eine geeignete Betreuung für die Tiere geregelt sein. Die Mühen der täglichen Pflege übersehen kleine Kinder noch nicht. Anfängliche Euphorie lässt schnell nach und es ist für die Eltern sehr lästig, das Kind täglich an seine Aufgaben erinnern zu müssen.

Der Umgang mit den Gefühlen

Kinder müssen lernen, ihre Gefühle zu regulieren. Dies gilt für Geschwisterkinder ebenso wie für Einzelkinder, denn bei keinem Menschen kann immer alles nach den eigenen Vorstellungen laufen.

Keine Erziehung in Eigentlichkeit

„Nein, das darfst du eigentlich nicht!" – Und dann darf das Kind doch! Quengeln und Toben lohnen sich für Kinder oft!

Geschwister bieten oft ein sofortiges Feedback und haben damit eine Art regulierende Funktion. In der Auseinandersetzung mit den Geschwistern lernen Kinder, wie ihre spontanen Gefühlsäußerungen auf andere wirken und welche Reaktionen sie bei ihnen auslösen. Dabei lernen sie unbewusst, wie man mit seinen Gefühlen umgehen kann, wie man seinen Ärger dämpft, seine Angst in den Griff bekommt, aber auch, wie man möglichst nachdrücklich seine Enttäuschung zeigt, um ein „Nein" in ein „Na gut, ausnahmsweise" umzubiegen. Diese Strategie wenden Kinder aber auch bei ihren Eltern an. Eltern, die mehrere Kinder haben, wissen, dass zu häufige und unbegründete Kompromisse, die mit einem Kind geschlossen werden, unweigerlich zu endlosen Diskussionen mit der ganzen Kinderschar führen. Aus diesem Grund sagt man Eltern mit mehr als einem Kind nach, sie seien konsequenter in ihrer Erziehungshaltung und neigten weniger zu einer Erziehung in „Eigentlichkeit".

Sie kennen die Erziehung in der Eigentlichkeit nicht? Doch, bestimmt!

„Mama darf ich vor dem Essen noch ein Eis haben?" – „Eigentlich nicht, aber heute ausnahmsweise."

„Papa, darf ich heute ausnahmsweise mal länger aufbleiben?" – „Eigentlich sollst du ja um acht Uhr im Bett liegen, aber ausnahmsweise."

Immer wenn wir mit „eigentlich" erziehen wollen, weichen wir eine von uns selbst aufgestellte Regel auf und signalisieren unserem Kind: „Du kennst die Regel, die wir besprochen haben, diese Regel gilt eigentlich immer, nur manchmal nicht."

Also lohnt es sich durchaus zu diskutieren, zu quengeln oder zu toben – also seinen Gefühlen freien Lauf zu lassen –, denn ein „Eigentlich" ist immer möglich und nicht recht planbar.

Die Gefahr, wohl begründete und sinnvolle Regeln immer wieder aufzuweichen, besteht auch oder vielleicht sogar in verstärktem Maße bei einem Einzelkind. Löst doch eine Ausnahmeregelung, die man mit seinem einzigen Kind trifft, in der Familie nicht gleich eine ganze Revolution und Protestgeschrei der Geschwister aus. Dennoch oder gerade deswegen ist es für Eltern mit einem Kind wichtig zu prüfen, inwieweit eine Erziehung in Eigentlichkeit gewollt und angestrebt wird. Natürlich lebt jede Regel von ihrer Ausnahme, achten Sie jedoch darauf, wann und unter welchen Umständen Sie zur Durchbrechung Ihrer Familienregeln bereit sind. Geschieht dies häufig auf die heftigen Unmutsäußerungen Ihres Kindes hin, so führt dies meist dazu, dass Kinder ihren Unwillen immer häufiger, lauter und penetranter äußern und nicht lernen, ihre Gefühle im Zaum zu halten.

Frustrationen aushalten – das ist eine wichtige Lernaufgabe.

Um zu lernen, ihre Unmutsäußerungen im Zaum zu halten, brauchen Einzelkinder regulierende Strategien, um mit negativen, belastenden Gefühlen besser umgehen zu können. Und um Ängste in den Griff zu bekommen, um zu lernen, wie man mit Trauer und Sorgen umgeht, dazu brauchen sie möglichst verlässliche Vertraute.

Dabei gehört der angemessene Umgang mit den Gefühlen sicherlich zu den schwierigsten Lebensaufgaben auch für Erwachsene. Die Gefühle des anderen wahrzunehmen und richtig zu verstehen ist dabei oft schon schwierig genug, die gekonnte Kommunikation der eigenen Gefühlslage wird dann oft zur hohen Kunst.

Gefühle bestimmen das Leben

Frau Brömmelkamp aus Westfalen hat einen merkwürdigen Traum. Sie ist mit einem Raumschiff auf einem fremden Plane-

*ten gelandet, und als sie ihr Raumschiff verlässt, stellt sie ver-
wundert fest, dass in dieser fremden Galaxie, tausend Lichtjahre
von der Erde entfernt, ein Planet existiert, der große Ähnlich-
keit mit ihrer Heimat hat. Die Bäume sind etwas blauer als ge-
wöhnlich, der Himmel etwas grüner, aber sonst ist ihr alles sehr
vertraut.*

*Als sie zu ihrer ersten Erkundung aufbricht, trifft sie auf Ge-
stalten, die Menschen durchaus ähnlich sind. Ihr schießt die
Frage durch den Kopf, ob es auf anderen Planeten wohl noch*

**Wer würde nicht
gern gelegentlich
mal seine Gefühle
„ausschalten"?**

*Menschenfresser gibt? Erstaunt stellt sie fest, dass sie dies zwar
denken kann, aber bei diesem Gedanken keinerlei Furcht entwickelt. Überhaupt sind ihr sämtliche Gefühle abhanden gekom-
men, keine Angst, keine Überraschung, keine Freude, nichts,
sie fühlt rein gar nichts. Als sich die Außerirdischen ihr nähern,
durchzuckt sie noch der Gedanke an Flucht, aber da sie keine
Angst verspürt, hat sie auch keine Energie wegzurennen. Ihr
bisher vorhandenes sicheres Gefühl, wie sie sich am besten verhalten soll, ist ebenso verschwunden wie ihre Fähigkeit, in den
Gesichtern anderer deren Gefühle abzulesen. Sie weiß daher
nicht, ob ihr die Fremden wohl gesonnen sind oder eher feind-
lich. Aber da sie ja selbst nichts fühlt, ist sie darüber nicht erstaunt.*

*Die Bewohner des Planeten Emotionless führen Frau Bröm-
melkamp in eine Art Klub; dort bekommt sie ein Getränk ge-
reicht, und nachdem sie es getrunken hat, bricht sie plötzlich
in haltloses Weinen aus. „So fern der Heimat, allein, meine Kinder verwaist, was soll nur aus mir werden", schluchzt sie, sich
an die Brust eines Außerirdischen werfend. Ein finster ausse-
hender Fremder bietet ihr zum Trost ein kleines Pokerspielchen
an, und da Frau Brömmelkamp eine begeisterte Kartenspiele-
rin ist, sind ihre Tränen im Nu versiegt. Sie juchzt vor Freude
und singt vor Glück, ein Spielchen unter Freunden, wie schön.
Im Verlaufe der nächsten Stunden verliert sie jedoch jedes Spiel,*

was wohl damit zusammenhängt, dass Frau Brömmelkamp bei jedem guten Blatt vor Glückseligkeit strahlt und bei einem schlechten Blatt ärgerlich wird und laut schimpft.

Die Situation spitzt sich zu, als Frau Brömmelkamp aufgefordert wird, ihre Spielschulden zu bezahlen. Vor Angst völlig starr, blickt Frau Brömmelkamp um sich, das Gejohle der Außerirdischen wird lauter und lauter und ... plötzlich wacht Frau Brömmelkamp schweißgebadet aus ihrem Albtraum auf.

Zitternd vor Kälte und Aufregung geht sie in das Kinderzimmer, denn aus dieser Richtung kommt Stimmengewirr. Klein Richard sitzt in seinem Gitterbettchen und hat den Inhalt seiner übervollen Windel voller Wonne an der Wand verschmiert. Mutter Brömmelkamp, noch völlig schlaftrunken, nimmt ihr Kind mit Freudentränen in den Augen in ihre Arme. „Ich bin wieder zu Hause, Gott sei Dank." Im nächsten Moment wird ihr die Lage im Kinderzimmer allerdings auch schon wieder voll bewusst und sie schimpft heftig mit ihrem süßen Kleinen.

Nach diesem Traum ist es Frau Brömmelkamp aus Westfalen völlig klar: Gefühle sind die Grundlage unseres Lebens.

Also muss sie ihrem Kind helfen, seine Gefühle und die der anderen wahrnehmen und verstehen zu lernen. Genauso wichtig ist es allerdings, das hat Frau Brömmelkamp begriffen, sich von seinen Gefühlen nicht überwältigen zu lassen und zu lernen, den Ausdruck seiner Gefühle gekonnt zu regulieren.

Was Frau Brömmelkamp in ihrem Traum widerfuhr, zeigt deutlich, welche Nachteile sich nicht nur für Kartenspieler ergeben, wenn Menschen nicht in der Lage sind, ihre Gefühle situationsangemessen zu regulieren. Für Kinder ist die Fähigkeit, ihre Gefühle bewusst und gezielt vergrößern oder verkleinern zu können, ein wichtiger Entwicklungsschritt.

Kinder lernen ihre Gefühle kennen und benennen

Gefühle sind eine wichtige Informationsquelle für die Mitmenschen.

Frau Brömmelkamp hat in ihrem Traum am eigenen Leib erfahren, wie furchtbar es wäre, wenn wir unsere eigenen Gefühle und die der anderen Menschen nicht wahrnehmen und verstehen könnten. Gefühle bilden nicht nur die Farbe in unserem Leben, Gefühle sind auch eine wichtige Informationsquelle. Fehlen uns emotionale Informationen, so fehlt uns eine direkte und unmittelbare Reaktionsmöglichkeit auf unsere Umwelt. Wir würden vor Angst nicht zur Seite springen, wenn ein Auto nicht an der roten Fußgängerampel hält, wir würden die motivierende Kraft des Glücklich-Seins, die Freude über eine gelungene Arbeit nicht nutzen können und wir würden unsere Kinder wohl nicht mit dieser Freude und diesem Engagement großziehen können, würden wir sie nicht lieben.

Doch wie lernen Kinder Gefühle kennen und verstehen?

In der Forschung zu diesem Thema wird bislang kontrovers diskutiert, ob das sich im Laufe der Kindheit entwickelnde emotionale Repertoire als Entfaltung genetisch angelegter Grundemotionen (Freude, Angst, Ärger/Wut) verstanden werden muss oder ob sich im Verlaufe der kindlichen Entwicklung aus eher undifferenzierten Emotionen nach und nach unterschiedliche Gefühle entwickeln.

Unstrittig ist jedoch, dass die Fähigkeit zur Regulation des Gefühlsausdrucks im Laufe der kindlichen Entwicklung wächst. Bereits wenige Monate alte Säuglinge besitzen Strategien zur Emotionsregulation. Sie saugen zur Beruhigung am Daumen oder am Schnuller oder sinken in den Schlaf, wenn zu viele Eindrücke auf sie einstürmen.

Welche Mutter, welcher Vater erinnert sich nicht voller Wonne an das erste Lächeln des Neugeborenen, das so genannte Engelslächeln? Die auch im Schlaf zu beobachtenden mimischen Ausdruckmuster verschiedener Emotionen (Überraschung, Ärger, Abscheu und Traurigkeit) sind bei Neu- und Frühgeborenen jedoch zunächst Folge neuronaler Prozesse und keine Emotionen in ihrem umfassenden Sinne.

Nach Sroufe (1979) bilden sich aus den Grundemotionen Vergnügen/Freude, Ängstlichkeit/Furcht und Wut/Ärger im Laufe der Entwicklung die meisten Emotionen heraus. Sroufe geht dabei von einer achtstufigen Emotionsentwicklung aus:

Die verschiedenen Gefühle bilden sich in den ersten Lebensjahren nach und nach heraus.

1. Der erste Lebensmonat wird von Sroufe als eine Periode der absoluten Reizschranke verstanden.
2. Ab dem zweiten bis dritten Lebensmonat ist der Säugling zunehmend besser in der Lage, sich seiner Umwelt zuzuwenden (nicht zuletzt aufgrund der wachsenden motorischen Fähigkeiten, zum Beispiel den Kopf halten, drehen usw.). Neugier, Interesse und Freude/Lächeln differenzieren sich aus.

3. Zwischen dem dritten und fünften Monat zeigen sich Freude/volles Lachen und Wut/Enttäuschung, je nachdem, ob eine Handlung zu ihrem gewünschten Ergebnis führt oder nicht.

4. Ab dem sechsten Monat ist eine aktive Teilnahme des Kleinkindes am sozialen Geschehen beobachtbar. Die Emotionen „Vergnügen" und „Ärger" werden nun ausdifferenziert.

5. Das Alter zwischen dem zehnten und zwölften Monat ist nach Sroufe eine Phase, in der die gewachsene sozial-emotionale Bindung zentrales Thema wird (Differenzierung von Fremdenfurcht und Bindung).

6. In der Phase des Übens und Explorierens, zwischen dem 13. und 18. Monat, bilden sich die Emotionen „Begeisterung", „Vorsicht/Ängstlichkeit" und „Ärger" weiter aus.

7. Zwischen dem 19. und 39. Monat bildet sich das Selbstkonzept des Kindes heraus. Gefühle wie Scham, Trotz und Bockigkeit zeigen sich nun.

8. Die achte und letzte Phase ab dem dritten Lebensjahr bezeichnet Sroufe als Phase des Spiels und der Fantasie. In dieser Phase differenzieren sich die Emotionen „Stolz", „Liebe" sowie „Schuldgefühl".

Eine ganz zentrale Rolle für die Gefühlsentwicklung spielen die Feinfühligkeit und die Reaktionen der Eltern.

Auch wenn dieses Phasenmodell von Sroufe nahe legt, dass jedes Kind eine ähnliche emotionale Entwicklung durchläuft, so muss man doch nachdrücklich betonen, dass die individuelle Lerngeschichte des einzelnen Kindes ebenso wie sein Temperament einen wesentlichen Einfluss auf die Ausprägung des vorhandenen Gefühlsrepertoires hat. Denn: „Entscheidend für die Breite des kindlichen Gefühlsrepertoires, die kulturspezifisch angemessene qualitative Ausprägung, die Intensität und Dauer der Gefühlsreaktionen ist die Art und Weise, wie die Pflegepersonen mit dem Kind interagieren, welchen emotionsrelevanten Situationen und Erfahrungen sie die Kinder aussetzen." (6) Ulich führt weiter aus, dass sich ein Kind emotional gut bzw. in der erwarteten und erhofften Weise entwickeln wird, wenn die Mutter sensibel und feinfühlig auf es eingeht. Die Interaktion muss lebhaft und bewusst sein und ganz differenziert erfolgen. Optimal ist es, wenn die Mutter ohne Zögern genau abgestimmt auf den wahrgenommenen Zustand des Kindes reagiert.

Entscheidend für das emotionale Lernen des Kindes ist demnach die Interaktion des Kleinkindes mit seinen wichtigsten Bezugspersonen, genauer gesagt, das Gespräch und das Gesprächsklima in einer Familie. Studien belegen es eindeutig: Was ein Kind über Gefühle lernt, wie es lernt, über Gefühle zu sprechen, und wie sehr es sich in der Lage fühlt, mit emotionalen Spannungen umzugehen, wird wesentlich durch die familiäre Kommunikation beeinflusst. Dabei sind zwei unterschiedliche Lernprozesse zu unterscheiden:

1. Durch die Benennung, Kommentierung und Interpretation des kindlichen Gefühlsausdrucks durch die Eltern lernt das Kind die entsprechenden Begriffe für seinen affektiven Zustand und Emotionsausdruck kennen, durch die Verstärkung bzw. Zurückweisung seiner Emotion erfährt es, dass emotionales Verhalten unterschiedlich erwünscht und angemessen ist. Fast automatisch spiegeln wir den Gefühlsausdruck unseres Kindes durch unsere sprachliche Kommentierung. Hüpft unser Kind vor Freude durch die Wohnung, weil gleich Besuch kommt und alle zusammen ins Schwimmbad gehen werden, dann etikettieren wir sein Verhalten durch die entsprechenden emotionalen Attribute: „Ja, du freust dich sehr auf den Besuch, nicht wahr. Im Schwimmbad könnt ihr dann prima planschen, das ist toll." – „Sei nicht traurig, Renate", sagen wir, wenn der so mühsam gebaute Turm trotz aller Bemühungen wieder zusammenbricht. „Wir versuchen es noch einmal gemeinsam."

Das elterliche Vorbild, ihr Umgang mit Gefühlen, spielt für das Kind eine ganz bedeutsame Rolle.

59

Durch diese Zuschreibungen lernen Kinder Verhaltensmuster mit bestimmten Gefühlszuständen zu verbinden, und wissen, wie es sich anfühlt, wenn man froh, traurig, ärgerlich oder ängstlich ist. Sie lernen auch, diese Emotionen im Gesichtsausdruck und im Verhalten anderer wiederzuerkennen.

Wichtig ist, dass das Kind lernt, über Gefühle zu sprechen.

Von besonderer Bedeutung für emotionale Lernprozesse ist die wachsende Fähigkeit des Kindes, die Möglichkeiten sprachlicher Repräsentationen emotionaler Zustände zu nutzen. Die Fähigkeit, über Gefühle zu sprechen, bedarf eines familiären Klimas, das Offenheit ermöglicht und Zuhören fördert. Hier spielt das Vorbild der Eltern, ihr Umgang mit ihren Gefühlen eine zentrale Rolle im kindlichen Lernprozess.

2. Durch die Offenheit und Klarheit, mit der die Eltern über ihre eigenen Gefühle zu sprechen bereit sind, und durch die Art, wie sie vorleben, dass und wie eine Regulation der eigenen Emotionen möglich ist, lernt das Kind von seinen wichtigsten Vorbildern den Umgang mit Gefühlen.

Die Möglichkeit, miteinander über Ängste und Trauer, Ärger und Hoffnungen sprechen zu können, wird in der frühen Kindheit bereits eingeübt, von elementarer Bedeutung wird sie im weiteren Verlauf der Kindheit. „Familien, in denen den Heranwachsenden die Möglichkeit eingeräumt wird, sich offen zu äußern, und auch abweichende Ansichten und Meinungen der Kinder von den Eltern toleriert werden, begünstigen den Aufbau positiver Selbstkonzeptinhalte." (7)

Aus diesen Ausführungen folgt, dass dem Verhalten der Eltern die entscheidende Rolle bei der Gefühlsbildung des Kindes zufällt.

In Bezug auf die Wahrnehmung, die Verbalisierung und den Umgang mit eigenen Gefühlen ist es für Kinder nicht von Bedeutung, ob sie mit Geschwistern zusammen groß werden oder nicht. Der entscheidende Faktor in diesem Lernprozess ist das Klima innerhalb der Familie und die Art und Weise, wie über Gefühle gesprochen wird.

Wie die Eltern den Umgang mit Gefühlen „trainieren" können

Gefühle wahrzunehmen und zu benennen muss also schon früh erlernt und immer wieder eingeübt werden. Dies geschieht am besten im gemeinsamen Handeln und Sprechen.

Haben Sie Lust, das Erkennen und Benennen von Gefühlen mit Ihrem Kind spielerisch einzuüben?

Es gibt zahlreiche Spielideen, von denen hier nur einige vorgestellt werden sollen:

Gefühlsmemory: Dieses Spiel können Sie selbst basteln oder auch als fertiges Spiel erwerben. (8) Zeichnen Sie auf je ein viereckiges Kärtchen aus stabilem Karton ein Gesicht, das Freude, Ärger, Angst, Überraschung usw. ausdrückt. Schreiben Sie dann auf separate Kärtchen kleine Geschichten, die um eines dieser Gefühle kreisen. Die Geschichten sollten nicht zu ausführlich sein und aus dem aktuellen Erfahrungsbereich Ihres Kindes stammen. Je älter das Kind ist, umso komplexer können die Geschichten sein, umso vielfältiger die Emotionen. Lesen Sie Ihrem Kind eine Geschichte vor und lassen Sie Ihr Kind die passenden Bildkarten heraussuchen; kleinere Kinder brauchen dabei vielleicht noch ein wenig Unterstützung, vor allem, wenn in der Geschichte zwiespältige Gefühle eine Rolle spielen. Wenn Ihr Kind gern zeichnet, kann es den passenden Gesichtsausdruck natürlich auch malen.

Ein Beispiel für Vorschulkinder:

Der Anlass: Kristin zieht in eine neue Stadt. Sie weiß nicht so recht, was sie von dem Umzug halten soll.

Die Geschichte: *In einem Dorf, weit im Indianerland, wohnte der kleine Indianerjunge Matchupitchu. Eigentlich war er ein fröhlicher, aufgeweckter Junge,*

doch in letzter Zeit war Matchupitchu traurig.

Schon bald wird er seine alten Freunde aus dem Indianerdorf verlassen. Nintchotchi, seine beste Freundin, Heinrich, sein alter Kumpel, und all die anderen werden nicht mitkommen können, denn Matchupitchu und seine Eltern werden bald in ein neues Indianerdorf ziehen.

Im neuen Dorf gibt es, das haben ihm seine Eltern erzählt, eine Kletterburg nur für Kinder, und seine Großeltern wohnen dort gleich um die Ecke. Darauf freut sich Matchupitchu sehr.

Aber was wird aus seinen Freunden? Da hat Matchupitchu eine Idee: Einmal in der Woche wird er in sein altes Dorf reiten, sein Pferd Iltschi kennt den Weg genau. Dort wird er seine Freunde besuchen und immer, wenn Nintchotchi und Heinrich Zeit haben, können sie zu ihm kommen, denn gemeinsam spielt es sich auch in einer Kletterburg viel besser.

Fotogalerie: Eine weitere Variante dieses Spiels für größere Kinder. Fotografieren Sie doch einmal sich, Ihre Kinder, Ihren Partner und wer immer Lust zu diesem Spiel hat. Die Aufgabe: Stell dir vor, du wärst überglücklich, traurig, ärgerlich, überrascht, wütend usw. Wie sähest du dann aus? Jeder Mitspieler soll versuchen, verschiedene Gefühle möglichst klar mimisch auszudrücken. Dies wird im Foto festgehalten und anschließend wird eine Bildergalerie zu den einzelnen Emotionen erstellt.

Tobespiele: Eine gemeinsame Kissenschlacht, das Herumwirbeln der Kleinen, das Kind im Schwimmbad hoch in die Luft werfen – Möglichkeiten zu Tobespielen gibt es viele. Von

Kindern heiß geliebt, bergen Tobespiele die Chance, gefahrlos Nervenkitzel zu erleben und mit den Gefühlen der Freude, der Angst und auch der Neugier spielerisch umgehen zu lernen. Wichtig: Die Tobenden sollten vorher festlegen, wo die Grenzen des Spiels sind, niemand darf verletzt werden (bitte auf geeignete Räumlichkeiten achten). Jeder hat das Recht, das Spiel zu beenden, wenn es ihm zu viel wird. Wenn einer genug hat, muss er nur klar „Stopp" sagen, und schon muss das Raufen und Toben ein Ende haben.

Bilderbücher zum Thema „Emotionen erkennen" gibt es reichlich. Hier eine kleine, persönliche Auswahl:
* Aliki: Gefühle sind wie Farben. Beltz, 1987
* Enders, U: LiloLe Eigensinn: Ein Bilderbuch über die eigenen Gefühle. Beltz, 1994
* Kreul, H.: Ich und meine Gefühle. Loewe, 1996
* Kulot, D.: Ein kleines Krokodil mit ziemlich viel Gefühl. Thienemann, 2000

Gehirn und Gefühl: Emotionsregulation aus Sicht der Gehirnforschung

Was für Frau Brömmelkamp (siehe Seite 53 ff.) nur ein kurzer albtraumhafter Augenblick war, ist für manche Patienten schreckliche, lebenslange Wirklichkeit. So gibt es manche psychischen Störungen, bei denen die Gefühlsempfindung stark beeinträchtigt ist. In einigen Fällen versuchte man eine Heilung durch operative Eingriffe in das Gehirn, durch Entfernung spezifischer Hirnareale und/oder durch die Durchtrennung einiger Nervenbahnen. Doch auch wenn dabei die vorhandenen Leiden gelindert wurden, so waren die Folgen dieser Operationen oft schrecklich. Für die Hirnforschung warfen die Veränderungen, die diese Patienten nach der Operation zeigten, ein deutliches Licht auf die Funktionsweisen der unterschiedlichen Hirnregionen bei der Entstehung von Emotionen.

Die Forschungen zur Funktionsweise des Gehirns legen nahe, dass unterschiedliche Hirnregionen mit unterschiedlichen Aufgaben bei der Entstehung und Bewältigung von Gefühlen beteiligt sind. Für den Umgang mit unseren Emotionen sind im Wesentlichen zwei unterschiedliche Verarbeitungswege wichtig. Es gibt eine sehr schnelle, aber leider höchst unpräzise neuronale Verbindung über den so genannten Mandelkern, die Amygdala. Dieser schnelle, aber unreflektierte Weg über die Amygdala ermöglicht ein erstes starkes emotionales Empfinden, eine erste fast reflexhafte Reaktion auf Erlebtes. Wir treten mit aller Kraft auf die Bremse, obwohl wir bewusst noch gar nicht wahrgenommen haben, dass hinter dem Ball, der auf die Straße rollt, ein Kind herläuft. Der Schreck verleiht uns dann unglaubliche Reaktionsfähigkeit, auch wenn die Angst unsere Hände anschließend zittern lässt.

Schnelles reflexhaftes Reagieren oder bewusstes, abwägendes Handeln – hierfür sind verschiedene Gehirnbereiche verantwortlich.

Im Gegensatz zur schnellen Mandelkernverbindung verläuft die Verarbeitung unseres Gefühlslebens durch übergeordnete Gehirnstrukturen wesentlich langsamer, aber auch präziser. Denn die neuronale Verbindung zum präfrontalen Kortex ermöglicht es erst, dass die Vernunft eingeschaltet wird; erst dadurch wird es uns möglich, unterschiedliche Handlungsalternativen abzuwägen.

Auch Kognitionspsychologen haben sich ausführlich mit den Emotionen des Menschen befasst. Interessanterweise kommen auch sie, wie die Neurophysiologen, zu einem zweistufigen Prozess der Emotionalität.

Richard Lazarus geht davon aus, dass zwei unterschiedliche Bewertungsprozesse zur Entstehung der Gefühle führen.

Man muss lernen, zwischen verschiedenen Gefühlen abzuwägen und Reaktionsalternativen durchzudenken.

In einem ersten Schritt entscheidet man, inwieweit eine wahrgenommene Situation bedrohlichen oder herausfordernden oder beglückenden Charakter hat. Der zweite Bewertungsschritt ermittelt die Handlungsalternativen und wägt die Folgen des Emotionsausdrucks für die nähere oder weitere Zukunft ab.

Machen wir uns diesen Prozess an einem Beispiel klar:

Jennifer wartet nun schon seit einer halben Stunde in glühender Hitze vor dem Kino. Um 15 Uhr war sie dort vor dem Eingang mit ihrer Freundin Nicole verabredet. Drinnen fängt schon der Vorfilm an. Die Karte ist schon gekauft, aber Nicole ist noch nicht in Sicht. Jennifer ärgert sich sehr über ihre unzuverlässige Freundin. Wütend geht sie auf und ab und brütet Rachegedanken, dann überlegt sie, was sie tun könnte. Nach Hause fahren kommt nicht in Frage, Nicole anrufen bringt wahrscheinlich nichts. Noch länger warten? Nein – kurz entschlossen geht sie erst einmal allein ins Kino. Sollte Nicole noch kommen, so wird sie sie im Halbdunkel wohl finden.

Nach dem ersten emotionalen Aufbrausen werden die Kosten und Nutzen, die Folgen des Handelns, abgewogen. Jennifer findet für sich eine Lösung, die ihren Ärger minimiert und ihrer Kontrahentin wenig Schaden zufügt. So sollte es sein.

> Entscheidend beim Prozess des Abwägens ist die Fähigkeit, zwischen verschiedenen Handlungswegen zu wählen. Je mehr Handlungsalternativen dabei zur Verfügung stehen, umso besser, denn dann besteht die Möglichkeit, den Weg zu wählen, der den geringsten Schaden beim größtmöglichen Nutzen verspricht.

Diese Fähigkeit zu vermitteln ist Aufgabe der Eltern – egal ob sie eines oder mehrere Kinder haben.

Was Kinder lernen müssen

Kinder müssen befähigt werden, den Stopp-Schalter zwischen erstem Aufbrausen und nachfolgendem Handeln einzulegen. Kinder müssen lernen, dass ihnen immer mehrere Wege offen stehen und dass sie zwischen den Handlungsalternativen wählen können.

Kinder können erst im Verlaufe ihrer Entwicklung Schritt für Schritt lernen, welche Konsequenzen ihr Handeln nach sich zieht. Vorausschauendes Denken will geübt sein und ein kühler Kopf hilft dabei sehr. Helfen Sie daher Ihrem Kind bei diesem Lernprozess. Spielen Sie im Gespräch mit ihm verschiedene mögliche Handlungsalternativen und deren Folgen durch. Nutzen Sie die Chancen eines Rollenspiels, um alternative Verhaltensweisen zu erleben. Spielerisches Probehandeln erlaubt viele Lösungsideen, die miteinander wetteifern können. Das kann auch mit Hilfe von Brettspielen geschehen, zum Beispiel „Ideenolympiade". (9)

Mit Gefühlen richtig umgehen

Jeder von uns braucht Strategien, um sich gegen ein Übermaß an emotionaler Belastung zu wappnen, würden wir doch sonst so von unseren Gefühlen überwältigt, dass wir kaum in der Lage wären, rational zu handeln und konfliktreiche Situationen zu meistern. Sich selbst beruhigen, seine Angst meistern, mit der Trauer umgehen, seinen Ärger zügeln können – das ist für jeden Einzelnen wichtig und für das Leben in einer Gemeinschaft unerlässlich. Der Umgang mit den eigenen Gefühlen bedarf jedoch der Übung. Kindern die Mög-

Kinder müssen lernen, ihre Probleme selbst zu lösen und dabei sinnvoll mit ihren Gefühlen umzugehen.

lichkeit zu geben zu lernen, wie Gefühle sich anfühlen, was Gefühle bewirken können und wie sie ihre Gefühle meistern können, ist eine der zahlreichen Erziehungsaufgaben der Eltern. Für Eltern bedeutet dies aber auch, dass sie ihren Kindern nicht alle Probleme aus dem Weg räumen dürfen. Den Kindern mit Rat und Tat zur Seite stehen, ihren Ängsten und Sorgen, ihrem großen und kleinen Ärger ein offenes Ohr schenken ist das eine, Kindern die Fähigkeit zutrauen, ihre Probleme selbst zu lösen, ist das andere. Kinder, die sich selbst zutrauen, mit ihren Gefühlen fertig zu werden und Schwierigkeiten in den Griff zu bekommen, sind besser für das Leben gerüstet als Kinder, die die Erfahrung gemacht haben, dass ihre Eltern ihre Probleme schon lösen werden. Hier besteht unter Umständen für Einzelkinder eine größere Gefahr, ihre Selbstwirksamkeit in Bezug auf ihre Problemlösefähigkeit nicht ausprobieren zu können. Erfahrungen aus dem Alltag zeigen, dass Eltern mit nur einem Kind stärker geneigt sind, diesem die Welt so angenehm wie möglich zu machen. Frustrationen werden dann manchmal abgebogen, wo eine Bewältigung des Ärgeranlasses hilfreicher gewesen wäre. Anders als in Familien mit mehreren Kindern richten Eltern eines Kindes in der Regel den Alltag stärker nach den Wünschen und Bedürfnissen des Kindes aus. Warum, so fragen sich Eltern mit einem Kind, warum sollte ich nicht das Essen kochen, das meinem Kind schmeckt? Warum sollte ich nicht die Freizeitaktivitäten planen, die meinem Kind Spaß machen? Warum sollten wir krampfhaft unserem Kind beibringen, Verzicht zu üben, wenn dies gar nicht unserer Lebenswirklichkeit entspricht?

Natürlich ist es nicht sinnvoll, künstliche Barrieren aufzurichten, nur um dem Kind beizubringen, seine Verärgerung zu regulieren. Ebenso falsch ist es jedoch, dem Kind alle Hürden von vornherein aus dem Weg zu räumen. Wenn Ihr Kind

Im Laufe der Zeit erfährt das Kind, dass es nicht immer nach seinem Kopf gehen kann und dass Anstrengung sich langfristig auszahlt.

nur gelernt hat, dass die Speisen auf den Tisch kommen, die es gerne mag, wird es sicher Schwierigkeiten bekommen, wenn es einmal bei seiner Freundin oder seinem Freund übernachten will. Klassenreisen, Kinderfreizeiten werden für diese Kinder dann oft zum Problem, weil sie schon vorher Angst haben, ob sie mit der fremden Situation zurechtkommen werden. Befähigen Sie Ihr Kind daher, auch mit unbekannten Situationen umgehen zu können. Man muss nicht alles mögen, aber man muss offen sein für neue Erfahrungen. In Familien mit mehreren Kindern kann nicht jedes Kind jeden Tag sein Lieblingsessen bekommen. Es lernt dort, dass manchmal seine Wünsche Berücksichtigung finden und manchmal die der anderen. Alles allen zur gleichen Zeit recht machen geht nicht, aber jeder wird gehört und jeder kommt einmal zum Zuge. Nur nicht immer gleich und sofort.

Auch für Einzelkinder ist es wichtig zu lernen, dass nicht alle Träume sofort zu verwirklichen sind, dass man auf manche Dinge ein wenig länger warten muss und dass man für andere angestrebte Ziele erst ein paar Mühen auf sich nehmen muss.

Auch für Ihr Kind ist es daher wichtig zu lernen, dass man den Lohn für seine Mühen nicht immer sofort erlangen kann, dass man manchmal warten muss, um später die Lorbeeren für seine Anstrengungen einzuheimsen. Die Fähigkeit zum Belohnungsaufschub hängt übrigens eng mit späterem Schulerfolg zusammen. Kinder, die zu einem Belohnungsaufschub bereit sind, sind auch eher bereit, die Mühen des Lernens auf sich zu nehmen, um dann später Erfolg zu haben.

Welche Strategien können Kinder nutzen, um ihre Gefühle sinnvoll zu regulieren?

Zunächst können generell zwei Richtungen der Emotionsregulation unterschieden werden. In der Regel besteht die Aufgabe der Regulation in der Minimierung vorhandener Gefühlsstürme. Sich beruhigen, seine Ängste in den Griff bekommen, den Ärger dämpfen ist das erste Ziel.

Manchmal kann es allerdings auch vorkommen, dass wir bewusst das Ziel verfolgen, unsere Gefühle nach außen intensiver wirken zu lassen, als sie in Wirklichkeit sind. Wir wollen dann trauriger erscheinen, als wir uns fühlen, um Trost und Zuspruch zu bekommen, fröhlicher als wir sind, um unsere wahren Gefühle zu maskieren, oder wütender, als dies der Situation entspricht, um unser Ziel doch noch erreichbar zu machen. Gerade Einzelkindern wird immer wieder vorgeworfen, diese Strategie gern und häufig anzuwenden. Ob Einzelkinder in der Tat häufiger als Kinder mit Geschwistern versuchen, ihren Willen durchzusetzen, bleibt fraglich. Sicher ist jedoch, dass ein klares Verhalten der Eltern dieser Strategie ein rasches Ende setzt. Wenn Sie immer wieder geneigt sind, dem heftig vorgetragenen Wunsch Ihres Kindes nachzugeben, so erreichen Sie nur eines: Ihr Kind wird diese erzwingende Strategie immer wieder einsetzen, da ihm der Erfolg ja Recht gab.

Kinder beherrschen die Strategien des Vergrößerns oder Verkleinerns eigener Gefühle zu unterschiedlichen Zeitpunkten. Während Säuglinge bereits zur Beruhigung am Schnuller oder am Daumen nuckeln, gelingt die Kunst der Maskierung vorhandener Gefühle erst viel später.

In der Regel dienen die Regulationsbemühungen dem Ziel, die erste Gefühlswallung in den Griff zu bekommen und sich nicht von seinen Gefühlen überwältigen zu lassen.

Säuglinge brauchen in diesem Bemühen noch die Hilfe Erwachsener, um emotional ausgeglichen zu sein. Erneut spielt die Feinfühligkeit, mit der die Eltern auf die kindlichen Signale reagieren, die entscheidende Rolle beim Umgang mit den kindlichen Gefühlen. Im Verlauf der kindlichen Entwicklung

Mit Gefühlen lässt sich auch wunderbar taktieren – das beherrschen manche Kinder meisterhaft.

71

verändert sich jedoch die Fähigkeit des Kindes, seine Gefühle beeinflussen zu können. Immer stärker tritt an die Stelle der externen Regulation durch andere eine interne Beeinflussung der Emotionen. „Die Internalisierung dieser Regulationsstrategien beim Kind führt zur Zunahme einer intrapsychischen Regulationskompetenz. Das Kind übernimmt mehr und mehr eigene aktive Anteile an der Emotionsregulation." (10)

Doch wie können solche Regulationsbemühungen aussehen?

Mit den Ursachen der Gefühle muss man sich genau auseinander setzen, dann kann man gezielte Strategien zu ihrer Überwindung überlegen.

Matthias ist neun Jahre alt und geht schon in die vierte Klasse. Heute trödelt er ungewöhnlich lange im Badezimmer herum, rührt sein Müsli anschließend am Frühstückstisch ständig um und will und will nicht fertig werden. Die Zeit drängt. „Matti, wo bleibst du? Du musst los, die Schule fängt bald an." Unerwartet bricht Matti plötzlich einen Streit vom Zaun, wirft seine Müslischale samt Inhalt zu Boden und schimpft, dass ihn alle immer drängen und überhaupt die Schule doof sei. Mattis Mutter reagiert überlegt; sie setzt sich neben ihren großen Kleinen und fragt ihn, was denn los sei. Nach anfänglichem Zaudern gesteht ihr Matti schließlich, dass er Angst habe, in die Schule zu gehen, weil heute wieder Schwimmen auf dem Stundenplan stehe und Matti immer noch keinen Freischwimmer gemacht hat. Die anderen lachen ihn schon aus und nennen ihn Bleiente. „Es hilft nichts, Matti, zur Schule musst du natürlich gehen. Ich fahre dich heute hin und auf dem Weg überlegen wir, was du tun kannst."

Auf dem Schulweg beschließen beide folgendes Angst-weg-Programm:

Um sich von seiner Angst abzulenken, denkt Matti an die Unterrichtsstunden, die ihm heute wohl Spaß machen werden. Mathe ist super und in Kunst sollen Ritterburgen gebaut werden. Bauen kann Matti gut, darauf freut er sich, und Kunst ist gleich nach dem Schwimmen dran. Matti denkt daran, wie oft er mit seinem Vater im Schwimmbad war und es ihm großen Spaß gemacht hat, zusammen zu planschen und zu schwimmen. Da war Schwimmen nie ein Problem. „Eigentlich kann ich ja schwimmen, ich darf mich nur nicht aus der Ruhe bringen lassen."

Im Gespräch mit seiner Mutter hat Matti eine Idee: Damit die Angst vor dem Schwimmen die Arme und Beine nicht schwer werden lässt, möchte Matti seine Schwimmlehrerin, die sehr nett ist, bitten, ihm zu Beginn des Schwimmunterrichts ein Schwimmbrett zu geben. Damit kann man herrlich gleiten und die Angst vor dem Wasser vergeht allmählich. Und wenn er zusammen mit den Mitschülern ins Becken geht, die auch noch nicht so gut schwimmen können, fühlt er sich auch nicht so allein, den Blicken der guten Schwimmer ausgesetzt.

Solchermaßen gerüstet wagt Matti den Weg in den Unterricht.

Matthias hat ein ganzes Bündel an Strategien zur Angstreduktion eingesetzt und es ist ihm mit Hilfe seiner Mutter schließlich gelungen, seine Furcht so weit in den Griff zu bekommen, dass er sich der Angst auslösenden Situation mit bangem Herzen stellen kann. Betrachten wir die einzelnen Strategien:

1. **Das Gespräch:** Matthias gelingt es im Gespräch mit seiner Mutter, seine Angst klar zu benennen. Ihm wird klar, dass hinter seiner morgendlichen Trödelei und seinem Ärger in Wirklichkeit die Angst vor dem Schwimmunterricht steht. So einfach uns dies hier in der Analyse erscheinen mag, so schwierig ist es doch in der Realität oft, den wahren Grund zu finden, der hinter Gefühlsausbrüchen liegt. Da tarnt sich die Angst hinter einem Wutausbruch oder hinter heftigen Bauchschmerzen. Nicht immer gelingt es dann so rasch und reibungslos, den Dingen auf den Grund zu kommen. Dennoch ist gerade das Gespräch mit vertrauten

Es ist immer hilfreich, mit anderen über die eigenen Gefühle zu reden.

73

Menschen ein guter Weg, um Sachverhalte zu klären und Lösungen zu finden.

2. *Selbstberuhigung:* Matthias sucht nach positiven Aspekten des Schultags, nach Gedanken und Perspektiven, die geeignet sind, ihn abzulenken und zu beruhigen. Techniken zur Selbstberuhigung können sehr vielfältig sein. Bei kleinen Kindern ist meist ein Hilfsmittel wie der Schmusebär, das Kuscheltuch oder der Schnuller wichtig. Bei größeren Kindern können kleine, unauffällige Gegenstände eine ähnliche Funktion erfüllen. Ein Glücksstein, ein kleiner Steinskarabäus oder ein Glückscent, ein Mut-mach-Spruch im Federmäppchen – viele Dinge sind denkbar, die man kurz in die Hand nehmen kann, um sich zu beruhigen und sich Mut zuzusprechen. Oft hilft es auch, sich eine ruhige Ecke zu suchen und erst einmal tief durchzuatmen.

3. *Selbstbestätigung:* Nachdem sich Matthias ein wenig beruhigt hat, fallen ihm Situationen ein, in denen er das anstehende Problem schon einmal lösen konnte. „In entspannter Atmosphäre konnte ich doch schwimmen", sagt sich Matthias. Zentraler Inhalt der Selbstbestätigung ist es, sich klar zu machen, über welche Fähigkeiten man verfügt, um ein anstehendes Problem zu lösen. Sei es eine Klassenarbeit, für die man geübt hat, oder die erste Reise ohne Eltern, wichtig ist, sich klar zu machen, dass man in der Lage ist, mit der Situation fertig zu werden.

4. *Fragmentierung des Problems:* Manche Probleme sind so komplex, dass man gut daran tut, sie in kleine, leichter zu bewältigende Portionen einzuteilen. Ist ein großer Problemberg erst einmal in mehrere kleine Hügel zerlegt, ist es viel einfacher, jeden dieser Hügel zu erklimmen. Außerdem verleiht einem das Erfolgsgefühl, wenn ein Teilschritt erfolgreich gelöst wurde, meist genug Schwung, um die nächsten Hügel in Angriff zu nehmen. Also minimiert Matthias sei-

ne Angst vor dem Freischwimmer, indem er erst einmal um ein Schwimmbrett bittet. Nach diesem ersten Schritt fällt ihm das Schwimmen ohne Hilfsmittel schon leichter.

5. **Handlungsalternativen:** Damit ihn der Blick der guten Schwimmer nicht in seinen Bemühungen lähmt, beschließt Matthias, sich den Nicht-Schwimmern anzuschließen. Hier fühlt er sich sicherer und kann leichter seine Schwimmübungen durchführen. Handlungsalternativen bedürfen nicht nur der klugen Überlegung, sie müssen vor allen Dingen eingeübt werden. Erst wenn ein Kind aus einem großen Repertoire möglicher Verhaltensweisen wählen kann, ist es in der Lage, situationsangemessen zu reagieren.

6. **Stopp-Regel:** Für Kinder, die dazu neigen, in ihrem ersten Gefühlsüberschwang unüberlegt zu reagieren, ist das Einüben der Stopp-Regel wichtig. Kinder lernen dabei, sich vor der ersten spontanen Reaktion selbst ein inneres „Stopp" zuzurufen. Nach dem Innehalten besteht der zweite Schritt darin, sich zu überlegen, was man tun könnte, welche Alternativen vorhanden sind. Welche Folgen wird mein Handeln haben? Überlegungen zu den Konsequenzen möglichen Handelns sind der Inhalt des nächsten Denkschritts. Erst wenn diese Stationen durchlaufen sind, erfolgt die Entscheidung für eine bestimmte Handlungsweise.

Man kann nicht immer spontan reagieren, sondern muss zunächst Handlungsalternativen durchdenken.

Kinder können spielerisch lernen, diese Stufen der Entscheidung einzuhalten, bevor sie sich von ihren Affekten zu unüberlegtem Handeln hinreißen lassen. Hier noch einmal in Kürze die fünf Schritte:

- Stopp!
- Denk nach!
- Such andere Lösungen!
- Welche Folgen haben sie?
- Jetzt kannst du handeln!

Eine kurze Auszeit ist in gefühlsbeladenen Situationen oft angeraten.

7. **Die Strategie der Distanzierung:** Zuletzt sei eine Strategie der Emotionsregulation genannt, die von vielen Kindern (und auch Erwachsenen) spontan genutzt wird, um ihrer ersten Erregung Herr zu werden. Zwischen sich und dem Problem und/oder dem Auslöser des Problems erst einmal eine räumliche Distanz zu bringen ist oft angeraten. Sich zurückzuziehen, um zur Ruhe zu kommen, ist hilfreich, wenn man es später schafft, aus seiner Ecke wieder hervorzukommen. Denn wer den inneren Rückzug als generellen Lösungsweg wählt, hat falsch gewählt.

Kommunikation: der Königsweg der Konfliktlösung

Miteinander reden und im Gespräch bleiben – das gilt wohl für alle Situationen im Leben.

Studien zeigen, „dass das familiäre Gespräch entscheidend dafür ist, was das Kind über Emotionen lernt, wie es lernt, über Gefühle zu sprechen, und welche Hoffnungen es hat, emotionsgeladene Situationen zu bewältigen." (11) So richtig diese Feststellung auch ist, so wenig klärt sie doch, wie das Gespräch in einer Familie beschaffen sein soll.

Was zeichnet also ein Familiengespräch aus, bei dem Kinder lernen,

1. Emotionen als wichtigen Bestandteil ihres Lebens zu schätzen,
2. Gefühle als Informationsquelle für ihre eigene Befindlichkeit zu nutzen,
3. Worte zu finden, die ihre Gefühle für sich und andere verständlich werden lassen, und schließlich
4. das Gespräch als Lösungsmöglichkeit für konfliktgeladene Situationen nutzen zu können?

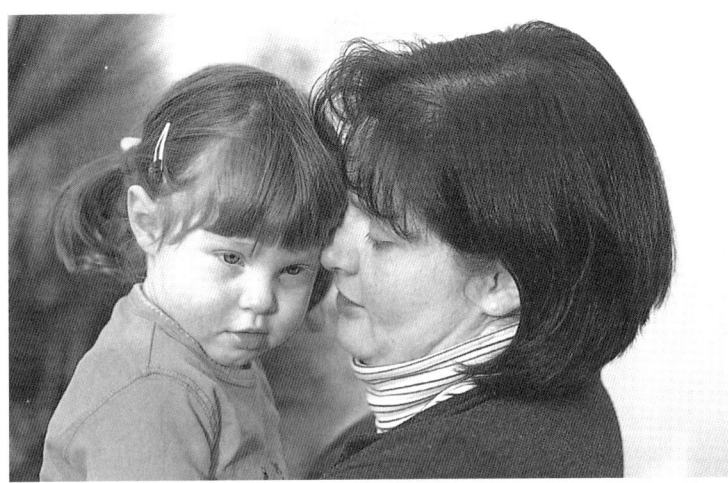

Aktives Zuhören ist eines der Schlagworte, die oft benutzt werden, um die Merkmale einer gelungenen Kommunikation zu beschreiben.

Seinem Kind aktiv zuzuhören ist in der Realität oft leichter gesagt als getan, denn aktives Zuhören bedeutet, in einem Klima, das Vertrauen ermöglicht und Offenheit zulässt, den anderen zu Wort kommen zu lassen, ohne das Gespräch zu dominieren, ohne vorschnelle, eigene Lösungen anzubieten.

Dem Kind Raum zu lassen, seine Gedanken und Gefühle darzulegen, bedarf der Geduld und des Verständnisses. Sich in die Lage des Kindes versetzen heißt auch, sich selbst zurücknehmen und dem Gespräch Zeit geben, sich zu entwickeln. Sicher wissen Sie in vielen Situationen sehr genau, was Ihrem Kind helfen könnte, welchen Weg es bei einem anstehenden Problem gehen müsste. Aber aktives Zuhören bedeutet eben nicht, dem Gesprächspartner die Antworten vorzugeben, sondern Lösungen gemeinsam zu erörtern und abzuwägen. Vielleicht werden Sie einwerfen, dass dies mit kleinen Kindern kaum möglich sei? Im Gegenteil, aktives Zuhören bedarf der Übung und mit dieser Übung kann nicht früh genug ange-

*„Aktiv zuhören"
lautet das Schlag-
wort. Das bedeu-
tet, auf den ande-
ren eingehen und
seine Meinung
respektieren.*

fangen werden. Geschwisterkinder profitieren hier deutlich von den Erfahrungen ihrer älteren Geschwister. Die Fragen und Probleme der Geschwister bieten nicht nur zahllose Gesprächsanlässe, sie sind auch Übungs- und Lernfeld zum Umgang miteinander und zur Gesprächskultur innerhalb der Familie. Durch das Vorbild der Eltern (und der Geschwister) lernen Kinder, wie in der Familie Konflikte gelöst werden. Das Gespräch als Königsweg der Konfliktlösung bedarf eines familiären Klimas der Wärme und des Einander-gelten-Lassens. Aber es bedarf auch immer wieder der Übung und einiger Spielregeln. Spielregeln funktionieren aber nur dann, wenn jeder Teilnehmer die Regeln kennt und auch verstanden hat. Deshalb ist es wichtig, diese Spielregeln zu klären und einzuhalten. Das gilt auch für die Eltern!

Hier einige Grundregeln für das Gespräch mit Ihrem Kind und innerhalb Ihrer Familie:

Eine gelungene Kommunikation bedarf mancher Spielregeln.

1. Spielregel: Komm, ich habe Zeit für dich!
Gespräche brauchen einen möglichst entspannten Raum und sie brauchen Zeit.
2. Spielregel: Ich höre dir zu!
Den anderen nicht bevormunden, nicht ablenken, nicht maßregeln, zuhören steht am Beginn eines Gespräches.
3. Spielregel: Ausreden lassen!
Auch wenn's schwer fällt: Jeder hat das Recht, seinen Gedanken zu Ende zu bringen und seine Geschichte erst einmal zu erzählen. Nachfragen ist erlaubt, sollte aber nicht auf Abwege bringen.
4. Spielregel: Habe ich richtig verstanden?
Oft ist es sinnvoll, kurz zusammenzufassen, was man von dem Gehörten behalten und verstanden hat. Manches ist vielleicht untergegangen oder nicht verstanden worden, deshalb ist hier Zeit für Klärung, denn Missverständnisse sind ärgerlich.

5. Spielregel: Was ist mit mir los?
Jeder sollte in erster Linie über sich und seine Gedanken und Gefühle sprechen. Vorwürfe an die anderen bringen meist wenig und noch weniger sinnvoll ist es, dem anderen zu sagen, wie er sich fühlt und was er denken soll. Fragen ist dagegen natürlich erlaubt.

6. Spielregel: Der andere will genauso akzeptiert werden wie du.
Beleidigungen, Herabsetzungen und Diffamierungen sind in einem offenen Gespräch tabu.

7. Spielregel: Hilfe zur Selbsthilfe!
Wer ein Problem hat, hat meist auch die Fähigkeit, das Problem zu lösen. Manchmal bedarf er allerdings der Hilfe. Also helfen, ein Problem zu lösen, Ideen finden, gemeinsam über Wege grübeln, all das ist völlig in Ordnung. Ein Problem für jemand anderen lösen hilft dagegen wenig, sondern hinterlässt vielmehr den Eindruck der Unselbstständigkeit und Hilflosigkeit.

Paul Watzlawick hat den Satz geprägt: „Man kann nicht nicht kommunizieren." Wenn wir unseren Kindern das offene Gespräch verweigern, wenn wir nicht lernen, ihnen und uns aktiv zuzuhören, so kommunizieren wir mit ihnen in einer verhängnisvollen Weise. Wenn wir nicht miteinander sprechen, so kommunizieren wir unsere eigene Sprachlosigkeit, unsere Hilflosigkeit und unsere Ablehnung. Unser Vorbild, unser offenes Ohr und unsere Gesprächskultur sind daher die Basis für die Kommunikationsfähigkeit unserer Kinder.

Da für Einzelkinder das Übungsfeld „Geschwister-Probleme" entfällt, ist es wichtig, dass das familiäre Gespräch zum Beispiel am Abendbrottisch besonders gepflegt und geschätzt wird. Zu hören, wie die Familienmitglieder ihren Tag verbracht haben, zu Wort zu kommen und seine Erlebnisse schildern zu können ist dann ganz wichtig. Wichtig ist aber auch, dass Kinder ohne Geschwister Gleichaltrige finden, mit denen sie ihre kommunikative Kompetenz einüben können. Gerade für die Kleinen sind daher der morgendliche Stuhlkreis im Kindergarten oder das Gespräch in der Schule von großer Bedeutung. Hier lernen sie, miteinander zu reden, gemeinsam Konflikte zu lösen und den anderen zu verstehen.

Haben Sie schon einmal Gespräche von drei- bis vierjährigen Kindern mitgehört? Große und kleine Probleme werden da bisweilen erörtert und in großer Ernsthaftigkeit die Rätsel der Welt gelöst. Kinder, die gelernt haben, einander zuzuhören, sind für andere begehrte Gesprächspartner.

Geben Sie daher Ihrem Einzelkind verstärkt die Möglichkeit, seine sprachlichen Fähigkeiten, aber auch sein Talent zum Zuhören, einzuüben.

Die Fähigkeit zur Empathie

Kleine Kinder sind keineswegs Egoisten, sondern besitzen eine große Sensibilität für die Befindlichkeit ihrer Mitmenschen. Diese Gabe sollte gepflegt und gefördert werden.

Die Sensibilität des Kindes

Viele Kinder verfügen über eine tiefe Sensibilität und wollen anderen oft helfen.

Sich in die Situation eines anderen hineinzuversetzen, Lösungen zu ersinnen, um anderen zu helfen, das beherrschen Kinder gut, wenn man ihnen die Chance lässt, diese Fähigkeiten auch zu zeigen. Besonders im Rollenspiel bietet sich Kindern die Möglichkeit, eigene Probleme zu Wort kommen zu lassen und Lösungen zu ersinnen.

Bei kleinen Kindern bietet sich hier vor allem das Spiel mit Puppen oder Stofftieren an, kann man doch auf diese Weise sein Repertoire leichter zeigen als im Spiel mit anderen Kindern.

Vor einigen Jahren unterrichtete ich an einer Grundschule. Ein großer Stoffdrache namens Detlef war ein ständiger Unterrichtsbegleiter und die Kinder liebten diese Handspielpuppe sehr. Detlef verstand alle Ängste und Nöte der Kleinen, bat er die Kinder doch oft genug selbst um ihren Rat in schwierigen Situationen, denn Detlef schielte nicht nur auffällig, sondern war auch ziemlich dick, etwas unbeholfen und hatte zu Beginn des Schuljahres, so erzählte ich den Kindern, noch keinen einzigen Freund gefunden.

Da die Kinder Detlef Mut und Trost zusprechen wollten, entstand die Idee, einen Detlef-Briefkasten zu basteln. Viele Kinder schrieben an den Stoffdrachen und selbstverständlich antwortete Detlef immer. Ein reger Briefwechsel entstand und Detlef erhielt viel Zuspruch, sodass sich seine missliche Lage rasch besserte.

Hier drei Kinderbriefe zur Auswahl:

Lieber Detlef!
Ich heiße Julian. Ich kenne das Gefühl, ausgeschlossen zu werden. Das ist richtig schlimm.

Lieber Detlef!
Wir sind deine Freunde. Ich heiße Daniel und fahre gerne Fahr-
rad!

Lieber Detlef,
wie geht es dir? Ich habe dir schon 10 Küsse gegeben. Ich bin
froh, dass du bei uns bist. Ich wünsche dir viel Glück im Leben.
Du bist der einzige Drache, den ich kenne. Viele Küsse, deine
Adriana.

Bei so viel Zuspruch wurde natürlich auch der traurigste Drache rasch wieder froh. Interessanterweise waren es die Kinder, die große Schwierigkeiten mit ihren Klassenkameraden
hatten, die sich oft an Detlef wandten, um ihm bei seinen ver-
meintlichen Problemen zu helfen, und häufig waren die
Schwierigkeiten, die diese Kinder dem Stoffdrachen andich-
teten, genau die Probleme, an denen sie selbst knabberten.
Auch Kinder, denen nachgesagt wird, sie besäßen eine sehr
geringe soziale Kompetenz, verfügen oft über ein erstaunliches Einfühlungsvermögen und über eine beachtliche Hilfsbereitschaft. Ihnen fällt es jedoch schwer, diese Kompetenz im
Kontakt mit anderen Kindern auch zu zeigen.

Was ist Empathie?

Lange Zeit galt in der Entwicklungspsychologie die These, Kinder seien kleine Egoisten, mit einer Wahrnehmung, die haupt-
sächlich um die Erfüllung ihrer eigenen Wünsche und Bedürfnisse kreise. Für die Wahrnehmung der Situation anderer, für
deren Wünsche und Träume blieb aus dieser Perspektive kein
Platz, und somit schien bei Kindern auch kein Raum für fürsorgliches, für prosoziales Verhalten zu bestehen. Für Einzel-

Eltern wissen genau, wie feinfühlig kleine Kinder sein können, wie sie mitleiden und Trost schenken wollen, wenn es anderen schlecht geht.

kinder war und ist dieses Vorurteil von besonderer Brisanz. Die weit verbreitete Annahme, Einzelkinder seien sozial inkompetent, sie seien unfähig zu teilen und in geradezu narzisstischer Weise auf sich selbst bezogen, steht, wenn auch oft unausgesprochen, hinter vielen Vorbehalten, die Einzelkindern entgegengebracht werden.

Was die Wissenschaft in der Zwischenzeit mit zahlreichen Studien belegt hat, ist vielen Eltern und Erziehenden schon längst klar: So anstrengend und fordernd kleine Kinder auch sein mögen, so sehr sie auch immer wieder in der Lage sind, auf sich selbst und ihre jeweils aktuellen Bedürfnisse aufmerksam zu machen, so sehr sind sie auch in der Lage, anderen beizustehen. Wer kennt nicht dieses selige Gefühl, wenn unser Kleines die Arme um unseren Hals schlingt und mit einem dicken Kuss unsere Empörung über stattgefundenes Unrecht lindert: *„Isses wieder gut, ja?"* Mit diesem oder ähnlichen Sätzen versuchen Kinder, andere zu trösten, und dies gelingt vielen Kleinen bereits ab dem zweiten Lebensjahr. Ab diesem Alter sind viele Kinder bereits zu spontanem Mitgefühl und zu fürsorglichem Verhalten in der Lage.

Wenn Sie an die verschiedenen Versuche Ihres Kindes denken, Ihnen Beistand zu leisten, so werden Sie vielleicht bemerken, wie vielfältig und abwechslungsreich die Hilfen der Kinder sind. Auch die Kleinen beherrschen dabei zum Teil schon ein erstaunliches Repertoire an Hilfsangeboten, um die Not der anderen zu lindern. Wenn sie ein anderes Kind weinen sehen, so gehen manche Knirpse zu ihm, umarmen und streicheln es, um zu trösten. Nicht selten wird auch eine traurige Mutter mit aufmunternden Worten zum Lächeln gebracht oder mit einer schlauen Idee von ihrem Kummer abgelenkt.

Die kleine Jamila (zweieinhalb Jahre) sieht, wie ihre Mutter sich an der offenen Tür des Hängeschrankes in der Küche den

Kopf stößt. Das tut schon ganz schön weh, wenn man mit dem Kopf gegen die Türkante knallt. Jamila kann daher den Schmerzensschrei der Mutter gut nachvollziehen, hat sie sich doch auch schon oft an Schränken und Türen gestoßen.

Sich die schmerzende Stelle am Kopf reibend, setzt sich Jamilas Mutter erst einmal auf den Stuhl. Jamila tröstet sofort: „Arme Mama, Kopf gestoßen, komm mal her." Jamila setzt sich rasch auf Mamas Schoß, nimmt die Leidende in die Arme und reicht ihr dann ihr Schmusetuch. Denn, so weiß Jamila aus eigener Erfahrung, wenn's schlimm kommt, hilft ein Schmusetuch immer.

Dem erschöpften Vater hilft die kindliche Unterstützung beim Taschetragen oder bei der Gartenarbeit schnell wieder auf die Beine. Die Kunst des Teilens beherrschen auch die Kleinen in der Regel ganz gut, auch wenn die Ausübung dieser Kunst je nach Objekt der Begierde und nach kindlichem Gegenüber schwankt.

Charlotte hat wenig Mühe, mit Emil in der Buddelkiste Eimer und Schaufel zu teilen. Viel schwieriger ist es da schon, die Schaukel abzugeben, damit Rosalie schaukeln kann. Denn erstens mag Charlotte Schaukeln am allerliebsten und zweitens ist die Konkurrenz zu Rosalie viel größer als zu Emil.

Den anderen von seinem Kummer abzulenken und ihn vor weiterer Unbill zu schützen gehört ebenfalls zu den gängigen Tröstestrategien.

Kinder übernehmen viele Tröstestrategien von den Erwachsenen.

Physisches Trösten (umarmen, streicheln), verbales Trösten, helfen, indirekte Hilfe, teilen, ablenken und schützen oder verteidigen – all diese Strategien fürsorglichen Verhaltens setzen eine beachtliche Fähigkeit zur Empathie und zum Perspektivwechsel voraus.

Unter Empathie wird die Fähigkeit verstanden, die Situation des anderen nachempfinden zu können. Das Miterleben der Gefühle des anderen, das Mitfühlen seines Leids, seiner Not und seiner Freude ist ein erster, noch unreflektierter Zugang zur Situation des anderen Menschen.

Wir alle kennen dieses Mitempfinden der Gefühle anderer, etwa wenn wir uns spontan mit unserem Kind freuen können, weil ihm eine schwierige Übung nach vielen Bemühungen endlich gut gelungen ist. Und was ist schöner, als im Kino zu sitzen und mit den Personen auf der Leinwand mitzufiebern oder Tränen der Rührung zu vergießen, wenn sich Held und Heldin des Films endlich in die Arme sinken.

Die Situation des anderen muss nicht nur „nachgefühlt", sondern auch verstandesmäßig nachvollzogen werden können.

Neben diesem emotionalen Zugang zum Empfinden eines anderen Menschen sind wir darüber hinaus fähig, die Lage eines anderen auch kognitiv verstehen zu können. Wir können nachvollziehen, wie ein anderer eine Situation wahrgenommen haben mag, wir können uns in seine Sicht der Dinge hineinversetzen. Diese Fähigkeit zum kognitiven Verständnis des anderen wird in der Psychologie mit dem Stichwort Perspektivwechsel ausgedrückt. Empathie bezeichnet damit die Fähigkeit des emotionalen Mitempfindens mit anderen Menschen, die Fähigkeit zum Perspektivwechsel beschreibt dagegen ein mehr kognitiv geprägtes Verständnis des anderen.

Viele Forscher gehen davon aus, dass die Fähigkeit zur Empathie und zum Perspektivwechsel eine notwendige, wenn auch nicht hinreichende Bedingung für prosoziales Verhalten ist.

Was bedeutet das?

Ohne die Fähigkeit, die Situation eines anderen verstehen zu können, seine emotionale Befindlichkeit richtig interpretieren zu können, ohne die Fähigkeit, sich in seine Lage hineinversetzen und nachempfinden zu können, wie sich der andere fühlen mag, ohne all dies ist fürsorgliches Verhalten nicht möglich.

Die Bereitschaft, sich um einen anderen Menschen zu kümmern, Hilfe anzubieten, wie auch soziales Engagement basieren auf dem Verständnis für den anderen und der Fähigkeit, seine emotionale Lage nachempfinden zu können.

Soziale Kompetenz fußt daher wesentlich auf der Fähigkeit der Menschen zu Empathie und Perspektivwechsel. Egozentrik und reiner Egoismus, das Beharren auf dem eigenen Standpunkt als allein gültigem Maßstab für die Wahrnehmung der Wirklichkeit sind daher mit Empathie und mit sozialer Kompetenz nicht vereinbar.

Einzelkinder – voller Empathie oder kleine Egoisten?

Erinnern Sie sich noch an die Liste der Vorurteile, die zu Beginn dieses Buches die Klischees wiedergaben, die gegen Einzelkinder oft und gerne geäußert werden (siehe Seite 7)?

Einzelkinder seien egoistisch, da sie daran gewohnt seien, dass die Erfüllung ihrer Bedürfnisse und Wünsche im Mittelpunkt der elterlichen Aufmerksamkeit stehe. Direkt oder indirekt wird damit Kindern, die ohne Geschwister aufwachsen, die Fähigkeit zu fürsorglichem Verhalten anderen gegenüber abgesprochen. Einzelkinder, so ein weiteres Klischee, seien nicht so leicht in Gruppen integrierbar, da sie in sozialen Belangen inkompetenter seien als Geschwisterkinder. Daher schlussfolgern viele, dass Geschwisterkinder leichter in Gruppen integrierbar seien und für die Gruppendynamik förderlicher seien als Kinder, die ohne Geschwister aufwachsen.

Einzelkinder sind oft kommunikativ sehr gewandt und können gut verschiedene Seiten einer Situation beleuchten – gute Voraussetzungen für soziales Verhalten.

Um es an dieser Stelle einmal deutlich zu formulieren: Diese Vorurteile entbehren jeglicher wissenschaftlicher Grundlage. Es gibt vielmehr Hinweise darauf, dass Einzelkinder, die die Fürsorge und feinfühlige Zuwendung ihrer Eltern erleben, ein beträchtliches Maß an Sensibilität für andere entwickeln. Diese Feinfühligkeit für die Bedürfnisse und die Situation anderer „ermöglicht es (den Einzelkindern) in Gruppen ausgleichend zu wirken und Brücken zu schlagen zwischen gegensätzlichen Standpunkten. Ihre Stärken liegen im Miteinander-Versöhnen und Harmonie-Schaffen (…)." (12)

Einzelkinder wie Geschwisterkinder müssen allerdings lernen, dass die Welt aus dem Blickwinkel anderer Menschen auch anders aussehen kann. Die Welt durch die Brille anderer zu sehen, ihre Perspektive nachvollziehen zu lernen und zu begreifen, dass eine identische Situation bei zwei Menschen durchaus Unterschiedliches bewirken kann, ist für Kinder wie für Erwachsene nicht immer leicht und bedarf der Übung.

Wie Kinder lernen, die Welt aus der Sicht des anderen zu sehen

Einzusehen, warum der andere auf seine Art empfindet, ist für Kinder nicht einfach.

Als Fabian (drei Jahre) sieht, wie die kleine Tochter von Mamas bester Freundin vom Boden aufsteht, verzieht der Kleine bereits schmerzhaft das Gesicht. Nele (15 Monate) hat vergessen, dass sie unter dem niedrigen Couchtisch sitzt, beim Aufstehen stößt sie sich daher unweigerlich den Kopf an und weint. Fabian geht zu der Kleinen, streicht ihr über den Kopf und sagt: „Ei, ei, Nele hat Aua. Nist mehr weinen, Fabian tröstet dich."

Kleine Kinder können schon recht früh Gefühle anderer nachvollziehen; sie leiden manchmal regelrecht mit anderen mit, weinen, wenn andere traurig sind, und sind fröhlich, wenn andere Kinder lachen. So einfach und mühelos auch Zweijährige in der Lage sind, Emotionen nachempfinden zu können, so schwierig ist es doch, bewusst andere Meinungen, andere Perspektiven zu verstehen. Die Fähigkeit, die Welt aus der Sicht anderer zu sehen, seine eigene Perspektive einzutauschen gegen die eines anderen, ist ein äußerst komplexes und auch für Erwachsene schwieriges Unterfangen. Entwicklungspsychologisch betrachtet, gehört diese Kompetenz zu den Fähigkeiten, die im Verlauf des kognitiven Entwicklungsprozesses erworben und eingeübt werden.

Jean Piaget, ein Begründer moderner Entwicklungspsychologie, untersuchte in einem seiner zahlreichen Experimente unter anderem den Egozentrismus des Kindes. Kinder, die sich in der so genannten voroperatorischen, anschaulichen Phase der kognitiven Entwicklung befinden, so Piaget, sind noch nicht in der Lage, sich in die Situation eines anderen hineinzuversetzen. Bis zum fünften Lebensjahr sei es Kindern daher auch nicht möglich, ihre eigene Wahrnehmung zu relativieren und zu begreifen, dass ihr Blickwinkel nur einer von vielen möglichen ist. Piagets starres Stufenmodell der kindlichen kognitiven Entwicklung wird heute von vielen Wissenschaftlern in Frage gestellt. Kindliche Entwicklung verläuft offenbar wesentlich flexibler und ist abhängig von den Lernerfahrungen, die Kinder machen können. Wesentlich früher als gedacht sind Kinder daher zum Beispiel zu formalen Denkoperationen in der Lage. Allerdings müssen dann die Lernmöglichkeiten auch kindgerecht gestaltet sein. So finden zum Beispiel die meisten Kinder über abstrakte Rechenformeln keinen Weg zum Verständnis der mathematischen Welt; dürfen sie aber experimentieren, so lernen sie rasch, mathematische Zusammenhänge zu verstehen. Ähnliches gilt wohl auch für die Fähigkeit zum Perspektivwechsel. Piaget ließ zur Untermauerung seiner These, dass Kinder erst ab dem sechsten Le

bensjahr in der Lage seien, Perspektivwechsel richtig nachzuvollziehen, einen berühmt gewordenen Versuch durchführen, den so genannten Drei-Berge-Versuch.

Bei diesem Versuch wurden vierjährige Kinder vor ein Modell gestellt, auf dem drei Berge zu sehen waren (siehe Sche-
mazeichnung unten). Jeder dieser Berge ist durch ein anderes Gebäude oder eine andere Bepflanzung von dem anderen
klar unterschieden. Drei verschiedene Blickwinkel, gekenn-
zeichnet durch die Bezeichnungen Position 1, 2 und 3, be-
zeichnen die Standpunkte, die Kinder während des Versuchs
einnehmen sollen.

Drei-Berge-Versuch

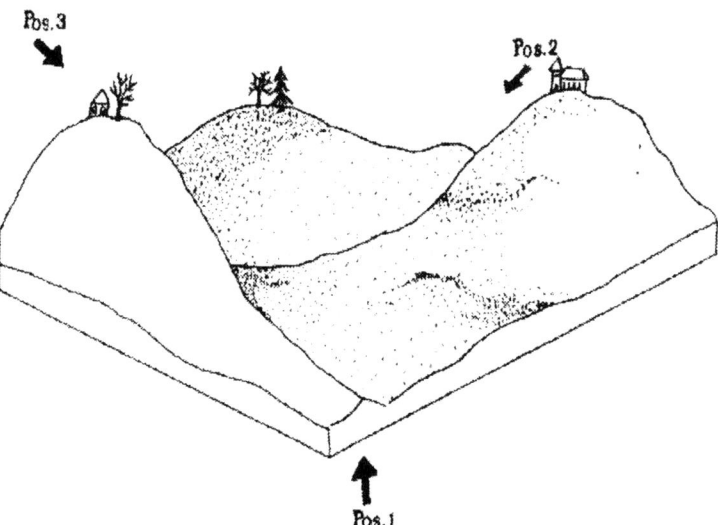

Nun die Aufgabe für die Kinder: Die Kinder werden zunächst
auf die erste der drei Positionen gestellt und sollen sich das
Modell genau ansehen. Anschließend suchen sie aus einem
Stapel von Fotografien das Foto heraus, das ihrer Ansicht entspricht. Fragt man die Kinder, wie die Berge aus Sicht der Betrachter auf Position 2 und 3 aussehen, so wählen sie in der

Regel erneut das schon bekannte Foto ihrer eigenen Perspektive aus. Selbstverständlich bereitete es den meisten Kindern dann wiederum keine Schwierigkeiten, auf Position 2 oder 3 das jeweils richtige Foto dieser Ansicht zu finden. Aber auch auf diesen Positionen gelingt der Perspektivwechsel, die Vorstellung, dass ein Betrachter aus einem anderen Blickwinkel eine andere Ansicht haben wird, nicht.

Nach Ansicht von Jean Piaget überwinden Kindern ihren Egozentrimus durch die Erfahrungen, die sie im Umgang mit anderen machen. Erst der soziale Austausch, erst der Widerspruch und die Auseinandersetzung mit anderen über die jeweils gültige Sicht der Dinge, ermöglicht den Heranwachsenden, ihren eigenen Standpunkt zu relativieren.

Kinder sollten sich mit möglichst vielen anderen Menschen auseinander setzen können.

Kinder lernen also durch den Kontakt und den Austausch mit anderen Menschen die Welt aus der Sicht anderer zu sehen.

Entscheidend für diese Lernerfahrung ist das Gespräch über die unterschiedlichen Meinungen und Blickwinkel und die Häufigkeit sozialer Kontakte. Sicherlich spielt der Kontakt mit Eltern und Geschwistern, die Auseinandersetzung über unterschiedlich Wahrgenommenes und unterschiedliche Ziele eine wichtige Rolle bei diesem Lernschritt, ebenso wichtig ist allerdings der Kontakt mit Gleichaltrigen, mit Freunden und Klassenkameraden. Im gemeinschaftlichen Handeln, im Ringen um unterschiedliche Ansätze klärt sich so manche Perspektive und ergeben sich vielfältige Aufgaben zur Suche nach gemeinsamen Lösungen. In einer Studie in Norwegen wurde festgestellt, „dass Kinder, die einsam aufwuchsen und minimalen sozialen Kontakt hatten, zwar kognitiv genauso weit entwickelt sind wie Kinder, die in Dörfern und Städten mit einer vielseitigen sozialen Struktur aufwuchsen. Sie schneiden jedoch signifikant schlechter in (…) Perspektivübernahmeaufgaben ab." (13)

Wie Einzelkinder gefördert werden können

Einzelkinder sind dann und auch nur dann in Bezug auf ihre Lernerfahrungen zur Perspektivenübernahme benachteiligt, wenn sie über deutlich weniger soziale Kontakte verfügen als Geschwisterkinder. Dies ist jedoch nicht notwendigerweise der Fall. Einzelkinder haben statistisch gesehen genauso viele und intensive Beziehungen zu anderen Kindern wie Geschwisterkinder, da sie in der Regel in Kindergärten, Vorschulen und Schulen regen Kontakt zu anderen haben. Allerdings sollten Eltern von Einzelkindern darauf achten, dass sich auch in der Freizeit Möglichkeiten zum gemeinsamen Spiel mit Freunden und Freundinnen ergeben.

Wie Kinder lernen, anderen beizustehen

Auch wenn der Drei-Berge-Versuch von Jean Piaget nahe legt, dass Kinder erst mit ca. sechs Jahren zum Perspektivwechsel in der Lage sind, nutzen Kinder in Wirklichkeit schon früh viele Hinweise, um die Situation des anderen interpretieren zu können. Sie wissen, wie man sich fühlt, wenn man traurig ist, sie wissen auch, woran man erkennen kann, dass jemand traurig ist. Vor allem aber erfahren sie selbst tagtäglich, was ihnen hilft, wenn sie traurig, ängstlich oder ärgerlich sind. Sie wissen, was ihre Eltern tun, um sie zu trösten oder ihnen Mut zu machen, und dieses Wissen nutzen Kinder.

Kinder übertragen eigene Erfahrungen auf andere Menschen.

Die Situation eines anderen emotional nachempfinden zu können gelingt also wesentlich leichter und früher als das rein gedankliche Nachvollziehen eines anderen Standpunkts.

Sind Geschwisterkinder sozialer?

Kinder können also schon früh anderen zu Hilfe eilen, aber sie tun dies nicht immer. Auch wenn der Glaube an die höhere soziale Kompetenz von Kindern, die mit Geschwistern aufwachsen, verbreitet ist, zeigen Studien mit Geschwisterkindern, dass auch diese Kinder durchaus nicht immer und automatisch bereit sind, anderen zur Seite zu stehen. Kinder verweigern anderen besonders dann Trost, wenn sie selbst Verursacher des Kummers sind. Im Gegenteil: „Wenn Kinder merken, dass es ihrem Bruder oder ihrer Schwester schlecht geht, machen sie mit großer Wahrscheinlichkeit etwas, das den Kummer noch verstärkt, wenn sie ihn anfangs selbst provoziert haben." (14)

Im Umgang miteinander lassen es Geschwister oft an Trost und Feinfühligkeit fehlen.

Wer kennt sie nicht, die Szenen geschwisterlicher Auseinandersetzungen, in denen ein Wort das andere gibt und Handgreiflichkeiten unter den Kontrahenten manchmal nicht ausbleiben? Keiner will nachgeben und keiner will verlieren. Da wird stattgefundenem Unrecht lieber noch die Krone aufgesetzt, statt dass man sich entschuldigt. Trösten wäre in diesem Fall wie ein Eingeständnis eigener Schuld, im Eifer des Gefechts gelingt dies Geschwisterkindern ebenso schwer wie Einzelkindern.

Auf eine weitere Ausnahme von der Regel des Tröstens sei hier ebenfalls hingewiesen. Studien mit Kindern, die misshandelt und gepeinigt wurden, zeigen, dass diese geschundenen Kinder nicht in der Lage sind, auf das Unglück anderer Kinder mit Mitgefühl zu reagieren. Auffällig am Verhalten misshandelter Kinder ist, dass sie auf den Kummer anderer abwechselnd mit Trösten und Angreifen reagieren. Deutlicher kann die Zerrissenheit und Ambivalenz dieser Kinder wohl kaum zum Ausdruck kommen. Ihr Schicksal hat sie gelehrt, sich nach Nähe zu sehnen und diese gleichzeitig als Bedrohung abzuwehren.

Wie lernen Kinder, wie lernen Einzelkinder, anderen beizustehen?

Einige wesentliche Faktoren seien in diesem Zusammenhang genannt:

Das Verhalten der Eltern ist immer wichtiger als ein eventuelles Aufwachsen mit Geschwistern.

1. ***Das Vorbild der Eltern:*** Kinder ahmen in der Regel mit ihrem prosozialen Verhalten das fürsorgliche Verhalten ihrer Eltern nach. In den Arm nehmen, trösten, streicheln, Mut zusprechen – diese und viele andere mögliche Handlungen werden Kinder am ehesten selber nutzen können, wenn sie diese Verhaltensweisen von ihren Eltern selbst erfahren haben. Wehren Eltern dagegen den Ausdruck kindlichen Kummers eher ab, nach dem Motto: *„Nun stell dich nicht so an, so schlimm kann es ja wohl nicht gewesen sein!"*, so werden ihre Kinder wohl kaum geneigt sein, andere in ihrer Situation ernst zu nehmen. Empathische, mitfühlende Eltern fördern durch ihr eigenes Verhalten also am ehesten fürsorgliches Verhalten ihrer Kinder gegenüber anderen Menschen.

2. ***Erklären anstatt verbieten:*** Kinder wollen verstehen, warum sie zu einem bestimmten Verhalten aufgefordert werden. Oft sind den Heranwachsenden die Folgen ihres Handelns noch nicht klar. Hier sind Hilfe und Unterstützung der Eltern gefragt. Gemeinsam mit dem Kind sollten sie im

Gespräch mögliche Folgen einer Handlung diskutieren und Handlungsalternativen erarbeiten. Verbote wecken kein Verständnis, und Verständnis ist dringend gefragt, wenn fürsorgliches Verhalten benötigt wird. Studien zeigen, dass fürsorgliches Verhalten langfristig am besten durch Erklärungen gefördert wird. Verbote dagegen reduzieren die Bereitschaft, anderen beizustehen.

3. ***Induktiver Erziehungsstil:*** Eltern, die ihrem Kind die Sicherheit vermitteln, umfassend für es da zu sein und es zu unterstützen, und die gleichzeitig fähig sind, das Verhalten ihres Kindes nur begrenzt zu strukturieren, helfen ihrem Kind, ein möglichst großes Repertoire an Bewältigungsstrategien für negative Gefühle zu erwerben. Mäßige Strukturierung kindlichen Verhaltens meint dabei, dass Eltern ihrem Zögling nicht alle Verhaltensweisen vorgeben sollten. Eltern sollten Kindern Hilfe zur Selbsthilfe geben, denn Kinder müssen lernen, welches Verhalten in welcher Situation angemessen ist. Elterlicher Rat ist da sicher immer teuer, strenge Vorgaben allein helfen allerdings nicht. Eltern, die einen induktiven Erziehungsstil bevorzugen, versuchen daher, dem Kind mögliche Folgen seines Verhaltens aufzuzeigen. Sie versuchen, dem Kind einsichtig zu machen, warum das in Frage stehende Verhalten falsch war. Ziel dieses Erziehungsstils ist es, antisoziales Verhalten zu stoppen, Perspektivwechsel zu fördern und prosoziales Verhalten zu erleichtern. „Zusammenfassend lässt sich sagen, dass ein sicher gebundenes Kind aus einem Elternhaus, in dem sich beide Eltern um es kümmern, wo Emotionen angstfrei gezeigt werden können, die Eltern selbst mitfühlend sind und das Kind auf die Folgen seines Handelns für andere aufmerksam machen, mit relativ hoher Wahrscheinlichkeit mitfühlend und helfend auf den Kummer eines Gegenübers reagieren wird." (15)

Soziales, fürsorgliches Verhalten muss im Alltag immer wieder geübt werden.

4. **Übung macht den Meister.** Auch die Fähigkeit zu fürsorglichem Verhalten bedarf, wie fast alle Fertigkeiten, der Übung. Kinder müssen lernen, wem sie wann in welcher Weise Hilfe anbieten können. Nicht jede Situation und nicht jedes Gegenüber bedarf der gleichen Unterstützung und nicht jedem möchte man die gleiche Form der Hilfe gewähren. Diese Differenzierungen zu erlernen ist für Kinder oft recht schwierig. Denn: Kinder müssen ebenfalls lernen, dass jede Hilfe auch ihre Grenzen hat.

Die Grenzen der Hilfsbereitschaft

Kinder erleben auch, dass Hilfe manchmal abgeschlagen werden muss.

Max (neun Jahre) steht vor einem großen Problem. Nächste Woche steht mal wieder eine Mathearbeit an. Eigentlich ist Max in Mathe ganz gut. Und hier fängt leider für ihn die Schwierigkeit an; sein bester Freund Bernd ist in Mathe ziemlich schlecht und hat schon bei der letzten Mathearbeit wiederholt versucht, von Max abzuschreiben. Aber Lehrer Kunze hat beim letzten Mal beide ermahnt, nicht zu schummeln, sonst müsse er beiden Schülern die Arbeit abnehmen und beiden eine Sechs geben. „Was soll ich nur tun, wenn Bernd wieder von mir abschreiben will? Soll ich ihm helfen, soll ich mich still und heimlich von ihm wegsetzen, soll ich ihn im Stich lassen?" Max steht vor einem großen Dilemma: Muss er seinem Freund helfen, und wenn ja, wie? Das Risiko, sich selbst eine schlechte Note einzuhandeln, ist groß, aber Bernd nicht zu helfen verbietet die Freundschaft. Was ist zu tun?

Hinter dieser Fragestellung steckt die allgemeine Frage: Wer hat wann, wie meine Unterstützung verdient? Wann ist Hilfe erforderlich und wann nicht?

Generell ließe sich antworten, dass Hilfe immer dann ihre Grenzen findet, wenn der Helfende sich selbst in Gefahr begibt und wenn die geforderte Hilfe gegen geltendes Recht oder eigene moralische Standards verstößt. Kinder müssen daher lernen, die potenzielle Gefahr richtig einzuschätzen. Einen Vogel, der auf der Autobahn gelandet ist, retten zu wollen, ist ohne immense Gefahr für Leib und Leben nicht möglich. In einer ruhigen Spielstraße kann man da schon eher helfen, wenn ein Tier auf der Fahrbahn ist. Kinder müssen aber auch lernen, ein klares Nein zu solchen Hilfsforderungen zu sagen, die dazu verleiten wollen, Unrecht zu tun. Schmiere stehen beim Kaufhausdiebstahl ist keine Hilfeleistung, jemanden unterstützen, der anderen Böses tun will, auch nicht.

Auf die Frage, wem man helfen solle, wenn zwei Menschen gleichzeitig Hilfe brauchen, gaben Fünfjährige folgende Kriterien zur Entscheidungsfindung an:

Man solle dem helfen,

1. der den größeren Kummer hat,
2. der weniger Schuld hat an seinem Unglück,
3. der jünger ist,
4. der dasselbe Geschlecht hat wie der Helfer und
5. der einem selbst auch schon einmal geholfen hat.

Kinder im Vorschulalter kennen also bereits Regeln, die ihnen helfen zu entscheiden, wem sie in einem solchen Fall beistehen wollen. „Kinder lernen immer stärker zu differenzieren zwischen erforderlichen und nicht erforderlichen Hilfeleistungen und damit auch zwischen Ausprägungen von Empfängermerkmalen, die manche potenziellen Empfänger als bedürftiger und manche Hilfe als „verdienter" erscheinen lassen. Auf Mitgefühl übertragen bedeutet dies: Nicht jedes Leid ist gleichermaßen der Beachtung wert." (16)

Kommen wir zurück zu Max' Dilemma. Er würde Bernd gern helfen, will aber dabei ungern eigene und schulische Regeln

Kinder wissen schon im Vorschulalter, dass Hilfe nicht immer erforderlich ist und durchaus ihre Grenzen hat.

verletzen. Da bis zur Klassenarbeit noch gut eine Woche Zeit ist, beschließt Max, Bernd anzubieten, in den nächsten Tagen mit ihm zu üben, damit Bernd in Mathe aufholen kann. Gleichzeitig sagt Max seinem Freund aber auch, dass er keine Lust hat, in der Mathearbeit zu schummeln.

Max hat eine Lösung ersonnen, die seine Freundschaft zu Bernd nicht gefährdet und dennoch eigene Regeln und Normen nicht verletzt. Sicherlich spielte dabei eine Rolle, dass akute Hilfe nicht notwendig war.

Die Hilfsbereit-schaft ist bei Mädchen stärker ausgeprägt als bei Jungen.

Studien, die die Intensität des Mitgefühls bei unterschiedlichen Personengruppen miteinander verglichen, kamen zu dem Ergebnis, dass Frauen und Mädchen deutlich besser abschneiden als Männer bzw. Jungen. Ein stärkeres Mitgefühl fand Dieter Ulich außerdem bei nicht deutschen Jugendlichen und bei Jugendlichen, für die Gerechtigkeit ein hohes Gut darstellt (17). Jugendliche, die von ihren Eltern und Peers Wertschätzung erfahren haben, waren ebenso deutlich empathischer als andere.

Auch hier bestätigt sich erneut, dass die Erfahrungen eines Kindes aus wichtigen Beziehungen zu anderen Menschen, wie den Eltern und Freunden, von elementarer Bedeutung für sozial kompetentes Handeln sind. Einzelkinder haben demnach in Bezug auf ihre Lernerfahrungen zur Empathie und zum Perspektivwechsel keine Nachteile gegenüber Kindern, die mit Geschwisterkindern aufwachsen. Allerdings müssen Eltern darauf achten, dass ihre Kinder die Möglichkeit haben, im Kontakt zu anderen Kindern Erfahrungen zu sammeln.

Sprechen Sie mit Ihrem Kind klar über die Grenzen der Hilfsbereitschaft. Sich in Gefahr zu begeben, sich ausnutzen zu lassen, gegen geltendes Recht oder eigene Regeln zu verstoßen ist nicht tolerierbar.

Beziehungen sind wichtig

Niemand ist eine Insel. Jeder von uns braucht andere Menschen, die ihn mögen und akzeptieren und bereit sind, ihm in schwierigen Zeiten beizustehen. Für Einzelkinder bedeutet dies, dass sie früh lernen müssen, tragfähige Freundschaften aufzubauen.

Beziehungen sind wie ein Spiegel

Jede Beziehung ist anders. Beziehungen zwischen Geschwistern müssen daher nicht „besser" sein als Freundschaften.

Durch den Spiegel, den andere uns vorhalten, lernen wir uns kennen, durch das positive Bild, das andere von uns zeichnen, lernen wir uns schätzen. Für Kinder ist dieser soziale Austausch ebenso wichtig wie für Erwachsene. Drei Beziehungsstrukturen sollen im Folgenden näher untersucht werden.

Von grundlegender Bedeutung für Kinder ist ihre Beziehung zu den Eltern. Alle bisherigen Ausführungen haben gezeigt, dass insbesondere die Qualität der Bindung enormen Einfluss auf die Entwicklung des Kindes hat. Die Erfahrungen, die Kinder mit oder ohne Geschwister machen, sind sicherlich unterschiedlich. Aber auch die Erfahrungen, die Kinder mit ihren Geschwistern machen, sind vielfältig, und keine Kindheit gleicht der anderen. Verschiedene Geschwisterkonstellationen, unterschiedliche Altersabstände und ein Verhalten der Eltern, das auch gegenüber ihren eigenen Kindern unterschiedlich ist, führen zu höchst unterschiedlichen Kindheitseindrücken. Ein einheitliches Urteil über die Vor- oder Nachteile des Einzelkind- gegenüber dem Geschwisterkinddasein ist daher, wie noch zu zeigen sein wird, nicht möglich.

Für den Aufbau eines positiven Selbstwertgefühls bei Kindern sind insbesondere Freunde und Freundinnen von großer Bedeutung. Freunde wollen erworben werden, denn Freundschaften entstehen durch den freiwilligen Zusammenschluss von Menschen. Kinder müssen daher lernen, wie man Freundschaften schließt, wie man einen Freund erwirbt und wie man ihn behält. Für Freundschaften gelten ganz spezifische Verhaltensregeln, und Freundschaften können auseinander gehen. Auch damit müssen Kinder umgehen lernen. Die Bindung an Eltern, Geschwister und Familienmitglieder ist von elementarer Wichtigkeit, aber diese Beziehung ist für das Kind bereits vorgegeben. Für Kinder und auch für uns Erwachsene ist daher eine Freundschaft eine ganz besondere Beziehung. Denn: „Wenn es etwas gibt, das den Menschen erhebt, dann besteht es darin, einen Freund zu haben. Was ihn aber noch mehr erhebt, besteht darin, ein Freund zu sein." (Richard Wagner)

Die Bedeutung der Bindung an die Eltern

Anton (18 Monate) ist mit seiner Mutter in eine Art Wartezimmer gegangen. In diesem Zimmer gibt es verschiedene Spielsachen, und eine fremde Frau sitzt auf einem Stuhl, der neben anderen an der Wand steht. Antons Mutter unterhält sich zunächst für wenige Minuten mit dieser Frau, steht dann auf und verlässt den Raum. Anton schaut auf und beginnt zu weinen. Er läuft zur Tür und ruft nach seiner Mutter. Als diese nach wenigen Minuten zurückkommt, lässt sich Anton auf dem Arm seiner Mutter rasch beruhigen. Getröstet beginnt er erneut zu spielen und das Zimmer nach weiteren interessanten Spielsachen abzusuchen.

Je nachdem, wie sicher die Bindung an die Eltern ist, reagieren schon Kleinkinder höchst unterschiedlich auf unbekannte Situationen.

Konstantin (17 Monate) wird der gleichen Situation ausgesetzt. Als seine Mutter den Raum verlässt, weint Konstantin und ruft nach ihr. Als sie jedoch nach wenigen Minuten zurückkehrt, reagiert der Kleine höchst widersprüchlich. Er scheint zwar die Nähe seiner Mutter zu suchen, doch als sie ihn auf den Arm nimmt, drückt er sich weg und wehrt ihre Umarmung ab.

Emilie (20 Monate) ist mit ihrer Mutter ebenfalls wenige Tage später in diesem Wartezimmer. Auch jetzt sitzt auf einem Stuhl eine für Emilie unbekannte Person, Emilies Mutter unterhält sich mit dieser Frau und verlässt schließlich den Raum, sodass Emilie mit der Fremden allein im Zimmer bleibt. Emilie weint nicht

und zeigt auch sonst wenig Kummer. Als ihre Mutter zurück-
kommt, sucht die Kleine nicht ihre Nähe. Als Emilies Mutter sie
in den Arm nimmt, entspannt Emilie sich nicht.

Melanie (22 Monate) zeigt in dieser für sie unbekannten Situa-
tion folgendes Verhalten: Als ihre Mutter den Raum verlässt,
schaut sie ihr nach und beginnt auch nach ihr zu rufen. Als sie
wiederkommt, richtet sie sich ein wenig auf, um ihre Mutter zu
begrüßen, aber dann kauert sie am Boden und wird ganz still.
Ihr Gesichtsausdruck wirkt fast geistesabwesend und ab und zu
sieht man, wie sie auf ihren Händen sitzend hin und her schau-
kelt. Melanie scheint Angst vor der Fremden zu haben, sie wen-
det sich allerdings nicht an ihre Mutter, sondern lehnt sich ein
paar Schritte entfernt an die Wand.

Die beschriebenen Beispiele zeigen unterschiedliches kindliches Verhalten im so genannten „Fremde-Situations-Test",
den John Bowlby und Mary Ainsworth ersannen, um Bindungsverhalten zu untersuchen. Bindungsforscher gehen davon aus, dass unser Bindungsverhalten Teil eines Verhaltens-
systems ist, das dafür sorgt, dass wir auf kindliches Weinen
und kindliche Klagelaute instinktiv mit Fürsorgeverhalten
reagieren. Die Beispiele oben verdeutlichen jedoch, dass unterschiedliche Bindungsmuster möglich sind, die im Wesentlichen dadurch entstehen, dass Eltern sich gegenüber den
Bedürfnissen ihrer Kinder unterschiedlich verhalten.

Vielleicht haben Sie Lust, die folgenden vier Bindungsqualitäten obigen Beispielen zuzuordnen?

In der Bindungsforschung unterscheidet man zwischen:
- sicherer Bindung,
- unsicher-ambivalenter Bindung,
- unsicher-vermeidender Bindung und
- desorganisierter Bindung.

Sichere Bindungen zeichnen sich dadurch aus, dass die El- *Die sichere*
tern auf die kindlichen Signale mit großer Feinfühligkeit rea- *Bindung*
gieren. Eltern sicher gebundener Kinder sind für die Kleinen
verfügbar und reagieren liebevoll und angemessen auf das
Kind. Sie geben ihm Schutz, Trost und Hilfe, wenn es dies
braucht.

Im Gegensatz dazu haben Kinder mit unsicher-ambivalen- *Die unsicher-*
ter Bindung erfahren, dass ihre Eltern unterschiedliche Reak- *ambivalente*
tionen auf ihre Signale zeigen. Manchmal sind sie durchaus *Bindung*
zugänglich und hilfsbereit, manchmal jedoch auch abwei-
send und kalt. Der Wechsel dieser Verhaltensmuster ist für
Kinder nicht nachvollziehbar, sie können daher nicht vorher-
sehen, wann ihre Eltern wie reagieren werden. Ob und wann
ihre Eltern für sie verfügbar sind, wissen diese Kinder oft
nicht. Kein Wunder, dass sich das zwiespältige Verhaltensmuster der Eltern bei den Kindern in deren widersprüchli-
chem Verhalten widerspiegelt.

Eltern, deren Kinder eine unsicher-vermeidende Bindung *Die unsicher-*
haben, zeigen ihren Kleinen gegenüber offene Zurückweisung *vermeidende*
und Ablehnung, wenn das Kind Schutz und Trost braucht. Kör- *Bindung*
perliche Nähe wird vermieden, die Ansprüche des Kindes
werden oft als unnötig, störend und überfordernd empfun-
den. Das ablehnende Verhalten dieser Kinder gegenüber ihren
Eltern entspricht also ihren eigenen Erfahrungen.

Kinder, die missbraucht wurden, zeigen in der Regel Ver- *Die desorgani-*
haltensweisen, wie sie im vierten Beispiel dargestellt wur- *sierte Bindung*
den. Bei diesen Kindern löst eine Stresssituation, wie es der
Fremde-Situations-Test darstellt, einen Zusammenbruch der
Verhaltens- und Aufmerksamkeitsstrategien aus. Vor Angst
scheinen sie wie gelähmt zu sein und wissen nicht, wie sie
Trost und Hilfe finden können. Forscher beschrieben den
Blick dieser Kinder als „den Blick der Angst, ohne zu wissen,
wohin".

Was im Inneren der Kinder vorgeht, können wir mit diesen Beschreibungen nur erahnen. Eine schreckliche Vorstellung, dass Kinder voller Angst nicht wissen, wo Hilfe zu finden sein könnte, dass Kinder sich nicht an ihre Eltern wenden können, um bei ihnen Schutz und Geborgenheit zu finden.

(Wahrscheinlich haben Sie die unterschiedlichen Bindungsqualitäten völlig richtig den beschriebenen Beispielen zugeordnet: Anton – sicher-gebunden; Konstantin – unsicher-ambivalent; Emilie – unsicher-vermeidend; Melanie – desorganisiert).

Es ist tröstlich zu wissen, dass die weitaus meisten Kinder in verschiedenen Studien als sicher gebunden klassifiziert wurden. Entscheidend für die Bindung zwischen Eltern und Kind sind, da sind sich alle Forscher einig, die Zuverlässigkeit, die Wärme und die Feinfühligkeit, mit der Eltern auf ihre Kinder reagieren. Ebenso einig sind sich alle Wissenschaftler, dass einfühlsame und empathische Eltern fürsorgliches Verhalten ihrer Kinder fördern. Dabei ist neben dem Vorbildcharakter elterlichen Verhaltens vor allem das Verständnis für die Kinder entscheidend für den Auf- und Ausbau positiver emotionaler Kompetenz. Sich selbst angenommen zu wissen, zu erfahren, dass eigene Bedürfnisse und Gefühle ernst genommen werden, Geborgenheit und Schutz zu spüren – diese Erfahrungen sind die Basis für sozial kompetentes Handeln.

Nicht wie lange Eltern bei ihrem Kind sind, sondern wie intensiv sie sich ihm in der gemeinsamen Zeit widmen, ist ausschlaggebend für eine gute Bindung.

In der Bindung eines Kindes an seine Eltern spiegelt sich also eine bestimmte Qualität des Miteinander wider. Kennzeichen dieser Qualität ist die Art und Weise, wie Eltern mit ihren Zöglingen umgehen. Um Missverständnissen vorzubeugen, sei daher an dieser Stelle betont, dass eine sichere Bindung des Kindes nicht so sehr dem Umstand entspringt, dass Eltern für das Kind immer körperlich anwesend sind. Natürlich ist es wichtig, dass Eltern sich für ihre Kinder Zeit nehmen. Aber Quantität ist kein Garant für eine sichere Bindung. Die Qualität des Miteinander-Umgehens führt zu einer sicheren Bindung, nicht die bloße Anwesenheit. Wenn Sie berufstätig sind und daher Ihre Zeit zwischen Familie und Beruf aufteilen, stellen Sie sicher, dass Sie die Zeit, die Sie mit Ihrem Kind zusammen sein können, auch tatsächlich mit Ihrem Kind verbringen. Für Ihr Kind dann wirklich da zu sein, Zeit zu haben für gemeinsame Aktivitäten, Zeit, einander zuzuhören und sich in die Arme zu nehmen, das ist für Ihr Kind wichtiger als die geputzten Fensterscheiben und der perfekt geführte Haushalt.

Einzelkinder haben es schwer – Geschwisterkinder auch

Geschwister zu haben kann eine wichtige Quelle für die Erfahrung von Geborgenheit und Schutz sein – der große Bruder, der einen gegen Gefahren verteidigt, die Schwester, die gemeinsam mit den Jüngeren auf den Spielplatz geht. Mit der Schwester und dem Bruder zusammen Abenteuer bestehen und sich durch die Anwesenheit der Großen geborgen fühlen ist eine Erfahrung, die Kinder stolz sein lässt auf ihre älteren Geschwister. Auf der anderen Seite lassen die Verantwortung und der altersbedingte Vorsprung, den ältere Geschwister über ihre jüngeren Brüder und/oder Schwestern haben, diese förmlich über sich hinauswachsen. So lästig die Kleinen oft sind, so groß kann man sich doch in ihrer Nähe fühlen.

Bestimmte Erfahrungen können nur Geschwister vermitteln – das ist unbestritten.

Geschwister zu haben ist toll, aber auch anstrengend und schwierig. Ob und wie Geschwister sich verstehen, ist nicht von Geburt an vorgegeben. Geschwisterrollen und Geschwisterbeziehungen sind vielfältig und unterliegen einem lebenslangen Wandel. Eben noch unversöhnliche Streithähne, können Geschwister im nächsten Moment nach außen wie Pech und Schwefel zusammenhalten. Entscheidend für die Beziehung, die Geschwister untereinander entwickeln, sind viele Faktoren. Eine große Rolle spielen dabei sicher das Geschlecht der Kinder und ihr Altersabstand; dabei ist es durchaus denkbar, dass Kinder wie Einzelkinder aufwachsen, obwohl sie Geschwister haben. Man denke nur an die zahlreichen „Nachzügler" unter den Geschwisterkindern. Hier kann der mitunter recht große Altersunterschied zu völlig getrennten Kindheiten führen.

Generell gilt ein zu geringer Altersunterschied zwischen Geschwistern als weniger günstig für die Entwicklung des Einzelnen. Diese These wird dadurch verständlich, dass Eltern jedem ihrer Kinder Zeit und Aufmerksamkeit schenken wollen; dies wird jedoch umso schwieriger, je mehr Kinder in einer Familie sind und je geringer der Altersunterschied dieser Kinder ist. In Familien, in denen mehrere Kinder mit nur geringem Altersabstand leben, besteht die Gefahr, dass keines der Kleinen für sich Zeiträume uneingeschränkter Zuwendung erhält. Hinzu kommt meist noch die Tatsache, dass die Eltern mehrerer Kinder wahre Manager in Sachen Terminplanung, Haushaltsführung und Kindererziehung sein müssen. So nimmt es wohl kaum wunder, wenn Studien belegen, dass Mütter von Einzelkindern diese öfter berühren, häufiger auf den Arm nehmen, schaukeln und wiegen. Sie spielen häufiger mit ihrem Kind und sprechen mehr mit ihm.

... Dafür bekommen Einzelkinder oft mehr elterliche Zuwendung.

Insgesamt ist die Zahl der elterlichen Aktivitäten mit Einzelkindern im Vergleich zu den Aktivitäten der Eltern mit mehreren Kindern deutlich höher.

Welche Vorteile und welche Nachteile hat es für ein Kind, Geschwister zu haben?

Zu den wesentlichen Vorteilen einer Familie mit mehreren Kindern gehört sicherlich, dass die Kinder als kleine Gruppe handeln können. Sie können sich untereinander austauschen, sie können einander helfen und sich in vielfältigen Situationen unterstützen. Größere Geschwister können den Kleinen in der Regel komplizierte Lernschritte wesentlich besser vermitteln als Erwachsene. Seien es schwierige Kletterübungen, das Bauen komplexer Legosteinanlagen oder die Hilfe bei den völlig unverständlichen Hausaufgaben – wenn die große Schwester oder der große Bruder hilfreich zur Seite steht, werden auch diese Probleme gelöst.

Geschwisterliche Solidarität ist ein hohes Gut.

Ältere Geschwister sind für Kinder oft ein Vorbild, ihrem Modell wird nachgestrebt, sie bereiten bei vielen Erziehungsfragen den Jüngeren den Weg. Geschwister können aber auch wichtige Anwälte des Kindes sein; sie stehen unter Umständen bereit, elterlichen Zorn zu mildern und einem aus der Patsche zu helfen, bevor die Situation eskaliert. Das Vertrauen, das Kinder in ihre Geschwister setzen, zeigt sich in unterschiedlichen Lebensphasen, wenn gemeinsam Geheimnisse bewahrt und ohne Wissen der Eltern Probleme gelöst werden. Diese Fähigkeit zur geschwisterlichen Solidarität ist eine Tugend, die, wenn vorhanden, bis ins hohe Alter tragen kann. Die Geschwisterbindung gehört fraglos zu den langlebigsten, unaufkündbaren Beziehungen, die ein Mensch haben kann. Gelingt es den Beteiligten, diese Beziehung mit Vertrauen und emotionaler Nähe zu füllen, so stellt sie ein tragfähiges, lebenslanges Netz dar. Über die gesamte Lebensspanne verteilt werden Phasen des geringen Kontakts immer wieder von Phasen intensiverer Begegnung abgelöst. Dieser Wechsel in der Intensität der Beziehung fällt bei Geschwisterbeziehungen sicher leichter als bei Freundschaftsbindungen, bleibt die Beziehung an sich doch auch ohne gegenseitigen Kontakt bestehen. Ein weiterer positiver Aspekt, Geschwister zu haben, besteht darin, sich in Krisenzeiten, zum Beispiel bei einer Scheidung der Eltern, helfen zu können. Geschwister bewältigen diese Stresssituation deshalb wohl leichter als Einzelkinder.

Oft sind Geschwister aber auch erbitterte Rivalen.

Und die Nachteile, wenn man Geschwister hat? Kinder, die Geschwister haben, genießen selten die ungeteilte Aufmerksamkeit ihrer Eltern. Eltern, die ein Kind haben, können sich diesem häufiger und intensiver widmen. (Pubertierende Jugendliche kennzeichneten diesen Umstand jedoch auch als deutlichen Nachteil des Einzelkinddaseins.)

Geschwister zu haben ist nicht immer leicht, denn Geschwisterliebe ist keineswegs eine Selbstverständlichkeit. Eifersucht und Rivalität unter Geschwistern sind recht häufig zu beobachten und geschwisterliches Konkurrieren ist nicht immer angenehm. Fügt man diesen anstrengenden Seiten noch die Tatsache hinzu, dass Eltern ihre Kinder keineswegs immer gleich behandeln und auch nicht gleich lieben, so gerät das Idyll der Mehrkindfamilie doch in ein zwiespältigeres Licht. „Je stärker die Ungleichbehandlung durch Mutter und/oder Vater in einem, oft auch in mehreren Bereich(en), umso schlechter die Beziehung zwischen den Geschwistern." (18) Elterliche Ungleichbehandlung ihrer Zöglinge führt bei den benachteiligten Kindern häufiger zu Verhaltenproblemen. Diese Kinder neigen stärker als andere zu aggressivem, antisozialem Verhalten oder sie wählen den Weg in die soziale Isolation. Depressive Verstimmungen, mangelndes Selbstwertgefühl sind Begleiter dieses Rückzugs.

Die geeignete Betreuung für Einzelkinder

Sowohl auf die genannten Vorteile als auch auf die Nachteile, die es mit sich bringt, Geschwister zu haben, müssen Einzelkinder verzichten. Auf Kontakte zu anderen Kindern verzichten Einzelkinder jedoch nicht. Im Gegenteil. Da Einzelkinder statistisch gesehen früher als Geschwisterkinder bei Tagesmüttern, in Krippen und Kindergärten betreut werden, haben sie auch schon früh die Möglichkeit, mit Gleichaltrigen zu spielen, sich mit anderen zu messen und Freunde zu finden. Wenn Sie vor der Entscheidung stehen, ob und wie Sie Ihr Kind betreuen lassen wollen, spielen sicherlich viele Überlegungen eine Rolle. Für Ihr Kind bietet eine gut geführte, zahlenmäßig überschaubare Kindergruppe die Möglichkeit, mit anderen zu spielen und Erfahrungen im sozialen Miteinander zu sammeln. Auf dem Entscheidungsweg zur richtigen Betreuung werden Sie sicherlich unterschiedliche Gruppen und Institutionen anschauen und für Ihr Kind die bestmögliche Unterbringung wählen.

Von klein auf auch mit anderen Kindern zusammensein – das ist für Einzelkinder wichtig.

In Ihre Überlegungen sollten Sie auch die Frage einbeziehen, ob Ihr Kind besser in einer altersgemischten Gruppe aufgehoben ist oder eine altershomogene Gruppe sinnvoller ist. Wenn Ihnen beide Möglichkeiten zur Verfügung stehen, so ist gerade für Einzelkinder die Erfahrung in altersgemischten Gruppen oft sinnvoll. Ähnlich wie in einer Geschwisterkonstellation lernen die Jüngeren hier von den Älteren. Das Altersspektrum sollte den Kindern aber auch Möglichkeiten bieten, altersgleiche Koalitionen bilden zu können, denn gemeinsam sind auch die Kleinen stark und können ihre Interessen besser artikulieren.

Ohne Freunde geht es nicht

Eltern und Geschwister kann ein Kind sich nicht aussuchen, aber die Freundschaftsbeziehungen sind in der Regel frei gewählt und selbst aufgebaut. Sie sind Ergebnis und Spiegel eigener Bemühungen und freiwilligen gegenseitigen Engagements. Kein Wunder, dass die Bedeutung, einen Freund / eine Freundin zu haben, nicht hoch genug eingeschätzt werden kann.

Kinder haben ein feines Gespür dafür, wer zu ihnen passt.

Sunnar (fünf Jahre) hat einen allerbesten Freund, Jannick, der ebenfalls fünf Jahre alt ist. Die beiden spielen in großer Harmonie miteinander und sind, wann immer es ihnen möglich ist, zusammen. Kein Wunder, dass die beiden Kinder beschlossen haben, einander später zu heiraten, um so für immer beieinander bleiben zu können. Als Sunnar gefragt wird, warum sie Jannick heiraten will, antwortet das Mädchen: „Ich will Jannick heiraten, weil er eine so schöne Seele hat."

Gibt es einen besseren Grund, zusammenzubleiben und miteinander alt werden zu wollen, als die schöne Seele des Geliebten? Einen solchen Freund fürs Leben gefunden zu haben, ist auch für Kinder eine tolle Erfahrung.

Einen besten Freund zu haben ist für Kinder extrem wichtig. Dabei ändern sich aber im Laufe des Heranwachsens die Kriterien, nach denen ein anderes Kind zum besten Freund gekürt wird. Für die drei bis sieben Jahre alten Kinder ist es vor allem wichtig, dass der Freund / die Freundin in der Nähe wohnt und dass man gut mit ihm/ihr spielen kann. Zwischen Spielgefährten und Freundschaft wird in diesem Alter noch nicht so genau differenziert. Mehrere Freunde und Freundinnen gleichzeitig zu haben ist in diesem Alter noch kein Problem. Die Vier- bis Neunjährigen erwählen ihren Freund / ihre Freundin, wenn diese bereit sind, eigene Wünsche und Spielideen in die Tat umzusetzen. Kein Wunder, dass unter diesen Bedingungen Freundschaften schon mal rasch gekündigt werden und flugs neue beste Freunde/Freundinnen gewählt werden. Obwohl Freundschaften in diesem Alter durchaus als exklusive Beziehungen verstanden werden, fällt es noch nicht so schwer, Freundschaften zu beenden und neue Freundschaften zu knüpfen. Daher ist es für Kinder dieser Altersstufe auch nicht problematisch, den Vormittag im Kindergarten mit der Frage zu beginnen, ob Tessa und Lea heute die

besten Freundinnen sein wollen oder nicht. Wenn nicht, dann eben nicht, dann fragt Tessa eben Hannah.

Sechs- bis Zwölfjährige versuchen in ihren Freundschaften schon stärker, die unterschiedlichen Perspektiven beider Kinder zu integrieren. Vorlieben und Abneigungen der Kinder werden nun zu einem Freundschaftsthema. Die Freundschaft an sich bekommt einen Wert und ist keine reine Zweckgemeinschaft mehr, um des gemeinsamen Spieles willen. Da die Kinder nun ein Interesse daran haben, dass die Freundschaft auch bei Konflikten erhalten bleibt, suchen sie bei Konflikten nach Lösungen, die beiden gerecht werden. Für Jugendliche sind Freundschaften exklusive Beziehungen. Mit der besten Freundin, dem besten Freund ist man möglichst oft zusammen, unternimmt gemeinsam etwas und hört einander zu. Dem besten Freund und der besten Freundin kann man Geheimnisse anvertrauen und Probleme miteinander besprechen. Das Vertrauen zueinander ist daher groß und Verletzungen der Geheimhaltungspflicht schmerzen sehr und können das Ende der Freundschaft bedeuten. Die Freundschafts-

Freundschaften haben in verschiedenen Altersstufen unterschiedliche Funktionen.

111

beziehungen der Neun- bis Fünfzehnjährigen treten für Jugendliche bisweilen in ihrer Bedeutung an die Stelle der Beziehung zu den Eltern. Im pubertären Loslösungsprozess genießen die Clique und die besten Freunde einen immensen Vertrauensvorschuss, während das Verhältnis zu den Eltern oft pubertären Wechselstürmen ausgesetzt ist. Wie gut, dann einen Freund und eine Freundin zu haben, von denen man verstanden wird, wenn den Eltern diese Fähigkeit abgesprochen wird.

Ab dem zwölften Lebensjahr erreichen Heranwachsende unter Umständen bereits die vierte und höchste Stufe der Freundschaftskonzepte. Freundschaften mit verschiedenen Personen werden nun wieder möglich, da unterschiedliche Beziehungen unterschiedliche Bedürfnisse befriedigen können. Freundschaften, die sich auf dieser Stufe bewegen, werden nun zu offenen Systemen, die die Möglichkeit zur Veränderung beinhalten.

Wann welches Kind sich auf welcher Stufe der Freundschaftskonzepte befindet ist nicht so sehr eine Frage des Alters (die Altersangaben sind daher auch bewusst weit gefasst), sondern vielmehr eine Frage der individuellen Entwicklung.

Wenn Ihr Kind daher Schwierigkeiten hat, einen Freund oder eine Freundin zu finden, ist es wichtig festzustellen, auf welcher Entwicklungsstufe der Freundschaftskonzepte Ihr Kind steht. Oft besteht das Problem gerade darin, dass die erste Kontaktaufnahme schwer fällt. Wie spreche ich den anderen an? Wie arrangieren wir unser gemeinsames Spiel, eine gemeinsame Aktivität?

Generell gilt, dass Kinder hier eigene Möglichkeiten ausprobieren sollten und Eltern gut daran tun, größtmögliche Zurückhaltung zu bewahren. Kinder müssen selbst lernen, wie sie auf andere zugehen können, welche Tricks und Kniffe sie

finden können, um mitspielen zu können. Das Spiel der anderen erst einmal beobachten, geeignete Momente finden, um
das Interesse am Spiel zu verdeutlichen, das will erst einmal
gelernt sein. Zurückweisung zu ertragen fällt da schwer, uns
Erwachsenen und den Eltern erst recht. Aber wir helfen den
Kleinen nicht, wenn wir ihnen auch hier alle Wege ebnen.

Gelingt es Ihrem Kind trotz mehrerer Versuche nicht, einen Spielkameraden zu finden, so helfen Sie ihm dabei, die
erste Kontaktaufnahme zu erleichtern. Besprechen Sie mit
Ihrem Kind, welche Möglichkeiten sich dabei anbieten. Eine
Einladung zum Spiel, ein Treffen auf dem nahe gelegenen
Spielplatz oder ein gemeinsamer Zoobesuch – vieles ist möglich. Vielleicht verabreden sich die Eltern der Kinder auch zu
einer gemeinsamen Aktivität, dann fällt der Weg zum gemeinsamen Spiel noch leichter.

Gemeinsame Aktivitäten sind auch für die größeren Kin-
der oft eine gute Möglichkeit, um andere kennen zu lernen.
Welches Hobby würde Ihrem Kind Spaß machen? Gibt es eine
Sportart, die ihm besonders liegt, oder würde Ihr Kind gern
ein Instrument lernen? All dies sind gute Gelegenheiten,
Gleichgesinnte zu finden.

Vielleicht fällt es Ihrem Kind aber auch sehr leicht, Freunde
zu finden, aber es hat Schwierigkeiten, die Freundschaften
aufrechtzuerhalten? Freundschaften zu wechseln fällt Kindern, die noch kein exklusives Freundschaftskonzept haben,
sehr leicht. In der Regel ist die Beendigung einer Freundschaft
also kein Anlass zur Beunruhigung. Trauert Ihr Kind allerdings
sehr um die verlorene Beziehung, so ist es wichtig, ihm hier
zur Seite zu stehen. Denn Freunde zu verlieren ist mit Recht
ein Grund zur Trauer. Wird versucht, im Gespräch die Gründe
für den Verlust herauszufinden, so ermöglicht dies nicht nur,
Ansatzpunkte für ein neues Anknüpfen an alte Zeiten zu finden, sondern auch eigenes Verhalten kritisch zu hinterfragen.

Kinder sollten ihre Freundschaften selbst knüpfen; die Eltern sollten dabei nicht ein-greifen.

Wer erkennt, was schief gelaufen ist und warum, der kann aus Fehlern lernen. Freundschaften über lange Zeiträume zu erhalten ist eine hohe Kunst, die auch wir Erwachsenen nicht immer beherrschen. Umso beglückender, wenn diese Kunst gelingt.

Da jede hohe Kunst immer auch ein großes Stück Talent und Übung beinhaltet, sei hier noch einmal betont, wie wichtig es ist, Kindern immer wieder Möglichkeiten zum Kontakt mit anderen Kindern zu schaffen. Dies gilt insbesondere für Einzelkinder. Von der Krabbelgruppe bis zur Jugendgruppe – die Chancen, etwas mit anderen unternehmen zu können, sind groß, und man sollte sie wahren, denn soziale Kommunikation erlernt sich nur im sozialen Austausch. Mir ist keine Studie bekannt, die belegen könnte, dass Einzelkinder leichter oder schwerer Freunde finden würden als Geschwisterkinder. Ob man fähig ist, Freunde zu finden und zu behalten, ist wohl kaum ein Ergebnis der Lernerfahrungen aus der Geschwistersituation.

Achtsamkeit –
auf sich und andere

Egoistisch und rücksichtslos – so werden Einzelkinder oft gesehen. Doch die Erziehung jedes Kindes verlangt auch die Vermittlung von Werten und Normen, die sich an einem respektvollen Umgang mit sich und den Mitmenschen orientieren.

Die Suche nach dem Glück

*Aus Kindern glück-
liche Menschen
machen – das ist
das oberste Ziel
der Eltern.*

Zahllose Bücher, Artikel und Fernsehdiskussionen beschäftigen sich mit der Frage nach moderner Werteerziehung. Wertepluralismus erleichtert die Entscheidung für die zu vermittelnden Werte nicht, denn Eltern müssen sich heute zwischen vielen alternativen Wertesystemen entscheiden. Seien es religiöse Werte oder humanistische Ideale, seien es philosophische Grundprinzipien oder psychologische Konstrukte, in der Frage, was dem Leben unserer Kinder eine fundierte Basis geben kann, sind viele Wege denkbar. Gemeinsam ist all diesem Suchen, dass wir für unsere Kinder nur das Beste wollen. Wir wollen sie glücklich sehen, wir wollen sie befähigen, ihren Weg in Einklang mit sich und anderen zu finden. Glück kann aber nur dort gedeihen, wo viele glücklich sind. Kein Wunder, dass in einer Gesellschaft aus lauter Egoisten niemand so recht glücklich sein kann. Hinter dem Ziel, Kinder zu sozial kompetentem Verhalten zu befähigen, steht damit letztlich das Bemühen, dem Streben nach Glück eine Richtung zu zeigen. Eine Richtung, in der jeder die Chance hat, seine Fähigkeiten zu entwickeln.

Ohne eine innere Wertschätzung seiner selbst und seiner Mitmenschen macht soziales Handeln letztlich keinen Sinn. In der Diskussion um geeignete Werte pädagogischen Handelns wird hier eine Lanze für die „Achtsamkeit" als kleinstem gemeinsamen Nenner unterschiedlichster Wertesysteme gebrochen.

Einzelkinder gelten in Bezug auf die Sorgfalt und Achtsamkeit, mit der sie mit anderen Menschen, aber auch mit Dingen des Alltags umgehen, oft als wenig behutsam. Gewohnt, von allem im Überfluss zu besitzen, seien Einzelkinder häufig verwöhnt, denn da sie vieles besitzen, sei die Achtsamkeit für ihre verschiedenen Spielsachen und unterschiedlichen Schätze gering. Hier besteht in der Tat eine gewisse Gefahr, der sich Eltern und auch Großeltern, Tanten, nahe und ferne Verwandte eines Kindes bewusst sein sollten. Einzelkinder sind nie von sich aus verwöhnt oder weniger achtsam, allenfalls werden sie verwöhnt. Es mag allerdings sein, dass Eltern eines Kindes stärker dazu neigen, den Sohn oder die Tochter zu verwöhnen, und sie weniger lehren, sorgfältig und behutsam mit ihren Sachen umzugehen. Elterliches Vorbild, eine Erziehungshaltung, die den Wert von Dingen schätzen lehrt, ist hier die beste Vorbeugung. Verwöhnen Sie Ihr Kind daher nicht mit Materiellem, verwöhnen Sie es durch Ihre Aufmerksamkeit, durch Ihr Vertrauen in seine Fähigkeiten und durch Ihre Liebe.

Wie können Sie Ihrem Kind helfen, Achtsamkeit zu erlernen?

Hier ein paar Anregungen:

- *Meine Schatzkiste:* Basteln Sie zum Beispiel aus einem Schuhkarton, der mit wunderschönem Geschenkpapier beklebt wird, gemeinsam mit Ihrem Kind eine Schatzkiste. Ausgelegt mit weichem Stoff oder dicker Watte, kann Ihr Kind in diese Kiste all die wunderbaren Dinge legen, die ihm besonders wichtig sind oder die ihm gut gefallen. In einer solchen Schatzkiste lassen sich zum Beispiel Gegenstände sammeln, die auf einem ausgedehnten Spaziergang entdeckt werden. Das können leere Schneckenhäuser sein, schöne Äste oder interessante Steine. Machen Sie Ihr Kind ruhig auf diese kleinen Wunderwerke aufmerksam und betrachten Sie die Dinge in Ruhe und mit Genuss. Je schöner die gemeinsame Entdeckung, umso wunderbarer der Schatz.

- *Spielzeug in Massen,* chaotisch auf dem Kinderzimmerboden verteilt, macht wenig Spiellaune und verhindert Achtsamkeit im Umgang mit Dingen. Sortieren Sie ruhig einmal

Lehren Sie Ihr Kind, die kleinen Dinge zu entdecken und wertzuschätzen.

das Spielzeugregal durch. Nicht die Fülle des Materials ist für Ihr Kind wichtig, besser ist es, weniger Spielzeug anzubieten, mit dem Ihr Kind jedoch gern spielt und mit dem es sorgsam umgehen kann. Mutwilliges Zerstören ist kein sinnvolles oder notwendiges Kinderspiel, hier sollten Sie klare Grenzen setzen. Mit dem Lieblingsbuch, der Lieblingspuppe oder dem Schmusetier lernt Ihr Kind rasch, achtsam umzugehen.

- **Höflichkeit im Umgang mit anderen** ist Ausdruck für die innere Einstellung des Einander-Achtens. Sich zu bedanken, wenn man etwas bekommt, oder sich zu entschuldigen, wenn man etwas falsch gemacht hat, sind wichtige Lernschritte auf dem Weg zur Achtsamkeit anderen gegenüber.
- **Seien Sie Ihrem Kind Vorbild und Modell.** Erziehung hat immer auch damit zu tun, andere in ihrer Persönlichkeit zu achten. Auch Ihr Kind ist eine solche kleine Persönlichkeit, die es zu achten gilt. Achtsamkeit den Bedürfnissen, Gefühlen und Vorstellungen des Kindes gegenüber ist daher eine notwendige Grundeinstellung der Eltern.
- **Achten Sie gut auf sich.**

Schluss: Mit sich und der Welt im Einklang

Glückliche Kinder zu haben, wer wünscht sich das nicht? Aber was können Eltern dazu tun? Glück kann nicht erzwungen werden, und Eltern können ihre Kinder nicht zum Glück erziehen. Sie können ihnen allerdings Fähigkeiten vermitteln, die helfen, glücklicher zu werden. Soziale Kompetenz beinhaltet Fertigkeiten, die, wenn sie beherrscht werden, Kindern (und Erwachsenen) auf ihrem Lebensweg helfen.

Warum, so mögen sich viele fragen, warum soll ich mein Kind zu sozialer Kompetenz erziehen?

Die Antwort liegt auf der Hand: Weil Ihr Kind dann mit sich und der Welt besser zurechtkommen wird.

Wenn Ihr Kind fähig ist, sich selbst ernst zu nehmen, seine Gefühle und Bedürfnisse wahrnehmen und äußern kann, wenn es noch dazu sich selbst befähigt weiß, Ziele, die ihm wichtig sind, erreichen zu können, dann sind seine Chancen, glücklich zu werden, beträchtlich größer. Wenn es darüber hinaus in der Lage ist, andere zu verstehen und Beziehungen aufzubauen, die tragfähig und bereichernd sind, ist ein weiterer Meilenstein auf dem Weg zum Glück beschritten. Einzelkinder sind in Bezug auf ihre sozialen Kompetenzen gegenüber Kindern, die mit Geschwistern aufwachsen, nicht benachteiligt.

Gängige Vorurteile gegenüber Einzelkindern bestätigen sich nicht. „Wissenschaftlich belegt ist, dass heutzutage die Tatsache des Mit- bzw. Ohne-Geschwister-Aufwachsens kaum weiter berücksichtigt zu werden braucht, wenn über Einflüsse geredet wird, die maßgeblich die Persönlichkeitsentwicklung mitbestimmen." (19) Als viel wichtigere Einflussfaktoren gelten die Erziehungshaltung der Eltern, ihre Werte und Einstellungen sowie die Lebens- und Umweltbedingungen, unter denen ein Kind aufwächst, und natürlich auch die Gene, die grundlegend sind für das Temperament und die Konstitution des Kindes.

Das Aufwachsen ohne Geschwister ist also per se kein Nachteil für Einzelkinder, ebenso wie das Aufwachsen mit Geschwistern für diese keinen Nachteil bedeutet. Entscheidend für die Entwicklung des Kindes sind andere Faktoren, unter denen der Erziehungsstil eine besondere Bedeutung erhält.

Eltern eines Kindes sollten allerdings darauf achten, dass sie ihr Kind weder überbehüten noch überfordern (dies gilt im Übrigen auch für Eltern mit mehr als einem Kind). Loslösungsprozesse sind für Einzelkinder und deren Eltern unter Umständen schwieriger, hier gilt es also, genügend Freiräume für alle zu ermöglichen. Soziale Kontakte ihres Kindes zu fördern und ihm so schon frühzeitig den Austausch mit Gleichaltrigen zu ermöglichen ist für Einzelkinder enorm wichtig.

Sich selbst zu akzeptieren, seine Gefühle regulieren zu können, fähig zur Empathie zu sein, Beziehungen aufbauen und erhalten zu können und schließlich achtsam mit sich und der Welt umgehen zu können, diese Fähigkeiten helfen, mit sich und der Welt in Einklang zu sein.

Anhang

Anmerkungen

(1) Steinhausen, H.-C., 1996

(2) Gottmann, J., 1997, S. 47

(3) Oerter, R., 1995, S. 295

(4) Wygotski, L., 1987, S. 85

(5) Kasten, H., 1995, S. 91

(6) Ulich, D. / Mayring, P., 1992, S. 106 f.

(7) Kasten, H., 1995, S. 132

(8) Zum Beispiel: Reichling / Wolters: „Hallo, wie geht es dir? Gefühle ausdrücken lernen". Verlag an der Ruhr, 1994

(9) „Ideenolympiade". Riedel-Verlag

(10) Friedlmeier, W., 2001, S. 204

(11) Saarni, C., 2002 (Originalmanuskript)

(12) Kasten, H., 1995, S. 114

(13) Steins, G., 1993, S. 230

(14) Harris, P., 1992, S. 40

(15) Kienbaum, J., 1993, S. 31

(16) Ulich, D., 2002 (Originalmanuskript)

(17) Ulich, D., 2002 (Originalmanuskript)

(18) Boll, Th. / Ferring, D. / Filipp, S.-H., 2001, S. 198

(19) Kasten, H., 1995, S. 177 f.

Literaturverzeichnis

Baldering, D.: Selbstkonzept von Kindern im Grundschulalter. Ein Vergleich zwischen psychisch auffälligen Kindern und Kindern der Normalpopulation. Frankfurt/M., Berlin, Bern, 1993

Bandura, A.: Exercise of personal agency through the self-efficacy mechanism. In: Schwarzer, R. (Hrsg.): Self-Efficacy. Thought Control of Action, S. 3–38. Washington, Philadelphia, London, 1992

Boivin, M. / Bégin, G.: Peer status and self-perception among early elementary school children: The case of the rejected children. In: Child Development, 60, S. 591–596, 1989

Boll, Th. / Ferring, D. / Filipp, S.-H.: Struktur und Folgen elterlicher Ungleichbehandlung von Geschwistern: Forschungsstand und -desiderate. In: Zeitschrift für Entwicklungspsychologie und Pädagogische Psychologie, 33, S. 195–203, 2001

Collins, J. L.: Self-efficacy and ability in achievement behavior. Paper presented at the annual meeting of the American Educational Reseach Association, N. Y., 1982

Damon, W. / Hart, D.: The development of self-understanding from infancy through adolescence. Child Development, 52, S. 270–276, 1982

Falbo, T.: The single-child family. New York, London, 1984

Friedlmeier, W. / Trommsdorf, G.: Entwicklung der Emotionsregulation bei 2- und 3-jährigen Mädchen. In: Zeitschrift für Entwicklungspsychologie und Pädagogische Psychologie, 33 (4), S. 204–214, 2001

Goleman, D.: Emotionale Intelligenz. dtv, 1995

Gottman, J.: Kinder brauchen emotionale Intelligenz. Heyne, 1998

Harris, P.: Das Kind und seine Gefühle. Bern, Göttingen, Toronto, 1992

Hymel, S. / Wagner, E. / Butler, L. J.: Reputational bias: View from the peer group. In: Asher, S. R. / Coie, J. D. (Hrsg.): Peer rejection in childhood, S. 156–186. Cambridge, MA Cambridge University Press, 1990

Kasten, H.: Einzelkinder. Aufwachsen ohne Geschwister. Springer, 1995

Kienbaum, J.: Empathisches Mitgefühl und prosoziales Verhalten deutscher und sowjetischer Kindergartenkinder. Regensburg, 1993

Lazarus, R.: Emotion and adaption. Oxford University Press, 1991

Lewis, M. / Brooks-Gunn, J.: Social cognition and the acquisition of self. New York, 1979

Magai, C.: Bindung, Emotionen und Persönlichkeitsentwicklung. In: Spangler, G. / Zimmermann, R. (Hrsg.): Die Bindungstheorie. Grundlagen, Forschung und Anwendung. S. 140–148. Stuttgart, 1995

Mahler, M. S. / Pine, R. / Bergman, A.: Die psychische Geburt des Menschen. Fischer Tb, 1980

Piaget, J. / Inhelder, B.: Die Entwicklung des räumlichen Denkens beim Kinde. Stuttgart, 1971

Piaget, J. / Inhelder, B.: Die Psychologie des Kindes. dtv, 1973

Oerter, R.: Kindheit. In: Oerter, R. / Montada, L. (Hrsg.): Entwicklungspsychologie. Beltz Psychologische VerlagsUnion, 1995

Saarni, C.: Die Entwicklung der emotionalen Kompetenz in Beziehungen. In: V. Salisch, M. (Hrsg.): Emotionale Kompetenz entwickeln: Grundlagen in Kindheit und Jugend. Kohlhammer, 2002

Salisch, M. v. (Hrsg.): Emotionale Kompetenz entwickeln: Grundlagen in Kindheit und Jugend. Kohlhammer, 2002

Skinner, E. A.: Perceived control: Motivation, coping and development. In: Schwarzer, R. (Hrsg.): Self-Efficacy. Thought

Control of Action. S. 91–106, Washington, Philadelphia, London, 1992

Skinner, E. A. / Wellborn, J. G. / Connell, J. P.: What it takes to do well and whether I've got it: The role of perceived control in children's engagement and school achievement. Journal of Educational Psychology, 82, S. 22–32, 1990

Sroufe, L. A.: Socioemotional development. In: Osofsky, J. D. (Hrsg.): Handbook of infant development. S. 462–516. New York, 1979

Sroufe, L. A. / Cooper, R. G. / DeHart, G. B.: Child Development. It's Nature and Course. 2nd ed. McGraw Hill, 1992

Steinhausen, H.-C.: Psychische Störungen bei Kindern und Jugendlichen. Urban + Fischer, 1996

Steins, G. / Wicklung, R.: Zum Konzept der Perspektivenübernahme: Ein kritischer Überblick. Psychologische Rundschau, 44, S. 226–239, 1993

Ulich, D. / Mayring, P.: Psychologie der Emotionen. Urban Taschenbücher, 1992

Ulich, D. / Kienbaum, J. / Volland, C.: Empathie mit anderen entwickeln. In: V. Salisch, M. (Hrsg.): Emotionale Kompetenz entwickeln: Grundlagen in Kindheit und Jugend. Kohlhammer, 2002

Watzlawik, P. / Beavin, J. / Jackson, D.: Menschliche Kommunikation. Huber, 1969

Wygotski, L.: Ausgewählte Schriften. Arbeiten zur psychischen Entwicklung der Persönlichkeit. Bd. 2. Berlin, 1987

Zimbardo, P.: Psychologie. Springer, 1999

Die Bücher mit dem Gütesiegel

Bei Urania in Zusammenarbeit mit dem Deutschen Kinderschutzbund (DKSB)

Paula Honkanen-Schoberth
Starke Kinder brauchen starke Eltern
Der Elternkurs des Deutschen Kinderschutzbundes
ISBN 3-332-01346-7

Die Bücher mit dem Gütesiegel

Bei Urania in Zusammenarbeit mit dem Deutschen Kinderschutzbund (DKSB)

Heike Baum
Papa, spiel mit mir!
1000 tolle Ideen und Tipps
ISBN 3-332-01135-9

Jeanette Stark-Städele
Unser Baby im ersten Jahr
Mit Spielen fit fürs Leben
ISBN 3-332-01252-5

Gerlind Schabert
Ein tolles Wochenende mit Papa
Spaßprogramme für Vater und Kind
ISBN 3-332-01412-9

Helga Gürtler
Regeln finden ohne Tränen
So lösen Sie Konflikte in der Familie
ISBN 3-332-01310-6

Dr. Christine Kaniak-Urban, Katharina Schlamp
Mit Spaß und Erfolg durch die Grundschule
ISBN 3-332-01193-6

Heike Baum
So fördere ich mein Kind
Das richtige Spielzeug für die ersten 5 Jahre
ISBN 3-332-01249-5

Prof. Dr. Barbara Lorinser
Liebe Kinder – böse Nachbarn?
Streit vermeiden, Rechtslage klären
ISBN 3-332-01194-4

Die Bücher mit dem Gütesiegel

Bei Urania in Zusammenarbeit mit dem Deutschen Kinderschutzbund (DKSB)

Wolfgang Stein
Finanzplaner für Eltern
ISBN 3-332-01192-8

Prof. Dr. Barbara Lorinser
So helfe ich unserem Kind durch die Scheidung
Mit den neuen gesetzlichen Bestimmungen zu
Sorgerecht, Umgangsrecht und Unterhaltsregelung
ISBN 3-332-01093-X

Ute Diehl, Karl Diehl
Die beste Betreuung für mein Kind
Tagesmutter, Oma, Krippe, Hort & Co.
ISBN 3-332-01134-0